今すぐ国際派になるための

ベトナム・アジア新論

坂場 三男 著

振学出版

まえがき

国際情勢は時々刻々と動いている。あまりの目まぐるしさに、昨日の知識が今日は役に立たないこともある。特に、アジアをめぐっては中国や北朝鮮の情勢が変転極まりなく、東南アジアや南アジアでも政権交代によって各国情勢が激しく動いている。こうした動きを日々追いかけていると、全体がどこに向かっているのかが見えなくなる。世に外交評論家と言われる専門家の言説も、昨日と今日で言っていることが違っていると思われることすらある。

そうした中で、各国政治・経済の日々の動きからちょっと目を離して、それぞれの社会や文化、そして長い歴史の潮流に視点を移してみると、変化していないもの、ゆっくりと一定の方向に変化しているものが捉えられる。民族の考え方や生き様には地理空間や時間軸を超えた「定数」のようなものがある。

私はかつて外務省に奉職し、アジアの国々とも深くかかわった。インドやベトナムに在勤したし、本省ではアジア局に席を置いたこともある。特に、ベトナムには3年弱という短い期間ながら大使として在勤したので、強い思い入れがある。2015年には『ベトナムの素顔』（宝島社刊）という著作を上梓し、私なりのベトナム論を世に問うたこともある。今、外務省を退官してはや4年、この間、大学教員として2年間の教職経験もさせてもらって、多くの方々が程度に差こそあれ国際情勢の理解に種々の困難を感じていることを知った。とりわけ、ベトナムを含むアジアの状況は変化の激しさゆえに日々フォローするのすら大変で、いわんや背景事情まで含めて理解するのは容易ではない。

それやこれやで、筆者は大学の教職を辞した1年半ほど前から、ブログや雑誌論文で世界各国の政治・経済事情の変化や社会・文化、そして個々の事象の歴史的背景などを解説することに時間を費やしてきた。もちろん、元外交官とは言え、複雑に変化する各国の情勢を常に正確に捉えられているわけではないし、当然ながら理解に困難をきたす問題も少なくない。ただ、私の信念は、個々の国におけるいかなる事件・事象もその国を取り巻く国際環境から確実に影響を受けているということと、歴史という長い時間軸の中で理解されるべきである、という2点にあり、そうした視点に立って、上述のブログや雑誌論文を書いてきた。

本書はこれらのブログや雑誌論文の中からアジアに関係するものを拾い集め、適宜加筆修正して、1冊にまとめたものである。従って、その大半について筆者の論考の対象になったのは2017年3月から2018年9月までの期間にベトナムをはじめとするアジア諸国で生起したさまざまな出来事に限定されており、それぞれについて歴史的背景を探りながら一つひとつ考察を加える体裁になっている。第1部「今のベトナムとアジアを考える」においては、地域的には東アジアから東南アジア、そして南アジアまでのすべてをカバーしているが、国別に見れば、シンガポール、バングラデシュ、スリランカのように全く取り上げられていない国もある。ここに収録したのは、この期間に筆者が執筆してきた総数80件近いブログの中からアジア関係の44件を抽出したもので、あえて地域分類することなく、おおむね発表の時系列に沿う形で羅列した。読者の皆様には「目次」を参考に、興味・関心のある項目を適宜選別して読んでいただければと思う。また、第2部「ベトナムとアジアの過去と未来」に収録した七つのテーマは、筆者が雑誌論文として同じ時期に発表したもので、ブログとは違って、個々により深い解説と考察を加えたものである。内容的には一部の関係ブログと重複する部分があるが、考察の範囲は格段に広く、かつ深い。最後の第3部は「巻末付論」であり、本書で取り上げられているベトナムを含むアジア地域の情勢に関する論考とは直接の関係はないが、筆者の雑誌論文の中から読者の国際情勢理解に役立つであろうもの2件を収録した。特に、明治維新と国際的ポピュリズムの問題は筆者が最近強い関心を寄せているテーマであり、その考察内容を読者と共有できれば幸いである。

筆者は、本書のタイトルに「今すぐ国際派になるための」という副題を加えた。私たちは新聞やテレビで日々の国際ニュースを追っていると何となく分かったような気分になるが、それらは放送時間枠やスペース上の制約からどうしても断片的になるし、報道する側の主観も入ってくる。それらのすべてを「事実」として受け入れると、客観性を担保しつつ自分なりの所見を持つことが難しくなる場合がある。「国際派」なり「アジア通」と呼ばれるためには、単に幅広い知識を身に付けるだけでなく、個々の事件・事象の背景や相互の関連性を理解しなければならないし、できれば歴史的な時間軸の中にそれらを位置付ける叡智が求められる。その意味で、読者の方々が「国際派」や「アジア通」に近付くために本書が少しでも役に立つのであれば、著者としてこれにまさる喜びはない。

今すぐ国際派になるための

ベトナム・アジア新論

目次

第2部　ベトナムとアジアの過去と未来

第3部 巻末付論

第1部

今のベトナムとアジアを考える

1. もう一つの「拉致事件」

～23年ぶりに「里帰り」したベトナム人女性を待ち受けたもの～

ベトナムでは「悲劇」が路傍の石のように至る所にころがっている。まるで日常生活の一部のようで人々は関心を向けないが、この時ばかりは違っていた。２０１７年3月、連日のように地元メディアが報じ、多くの人がその過酷な運命に涙した。

話は１９９４年4月に遡る。この月のある日、ベトナム中南部沿岸地方クァンナム省の小さな村に住んでいたファム・ティ・バウさん（当時30歳）は、近隣省へ果物を売りに行くため乗り合いバスで移動中に拉致（誘拐）され、中国に売られた。すでに結婚して２人の息子を授かり、貧しいながらも幸せに暮らしていたバウさんの人生はこの事件によって突然暗転した。広西省北流市の人里離れた村に住む男性が仲介業者から彼女を２０００元で買ったのだという。場所も言葉も分からず何の身元証明の手段もないバウさんは、逃げることもできず、そのまま23年の歳月を寒村で暮らすことになる。この間、子供も生まれ、もう一つの「家族」に囲まれて、ベトナムでの記憶が日々薄れていった。

転機は２０１７年2月に訪れた。中国人の子供も成長し、極貧の生活から抜け出した折、突然に里心を起こしたバウさんは、夫に懇願してベトナムへの帰国を実現する。23年ぶりに故郷に戻った彼女を待ち受けていたものは老母1人で、夫は失踪し、誘拐時に3歳と2歳だった2人の息子の行方も分からない。実は、この2人の子は事件後にダナン市の孤児院に預けられ、カナダ人夫婦に養子として引き取られて、立派に成長していた。このカナダ人によれば、養子縁組は兄の幼児1人だけと考えていたが、引き取りの段階で弟と別れたくないと泣き叫び激しく抵抗したため、止むなく兄弟ともに養子とした由である。その後、彼らは23年ぶりに里帰りした母のことを偶然に報道で知り、2017年3月にカナダからベトナムに一時帰国して再会を果たした。ただ、カナダ人となった2人の青年はベトナム語を話すことができず、通訳付きの会話しかできなかったが、母の胸に抱かれてただただ泣き続けたという。この話はベトナム中に報道され、多くの人の涙をさそった。(その後、バウさんは中国人の夫とともにベトナムに移住して老母と同居することを決意し、関係者に支援を求めているようである。)

以上の話は、ベトナムと中国との間にある何千、何万という拉致・人身売買事件の一つに過ぎない。一人っ子政策を続けてきた中国では男女比の均衡がくずれ(男6人に女5人の割合)、農村に住む貧しい男性の場合、嫁の来てがほとんどないという。このため、1990年代末頃から嫁の斡旋業者が登場し、誘拐犯と結託してベトナム人女性を拉致するという事件が頻発している。ベトナム婦人協会が5年ほど前に発表した数字によれば、2010~12年の3年間に発見された人身売買事件の被害者は女・子供合わせて2325人に上り、その6割近くが中国に売られたとみられている。2017年にベトナム公安省が発表した数字では、2016年の人身売買によるベトナム人被害者数は確認されただけで1128人（対前年比12・8％増）に上る。もう一つ、深刻なのは、中国と国境を接するベトナム北部山岳地域における男の乳幼児誘拐で、これも多くの場合に一人っ子政策の下で跡継ぎとなる男児を求める中国人家庭に売られているようである。

ベトナムと中国の隣国関係は2000年前の昔から支配・被支配を繰り返し、戦争に明け暮れた困難な歴史をたどっている。今も南シナ海の領有権をめぐる紛争を抱えているが、人身売買の被害も同様に深刻であり、バウさんの事例のような「悲劇」が絶えないのである。

2. ベトナムを揺るがした「ドンタム百姓一揆」

2017年4月、ハノイ市郊外にあるドンタム村で、当局による強引な土地収用に反対する農民が公務執行中の警察官ら38人を監禁し、バリケードを築いて1週間にわたって村役場に立てこもるという前代未聞の事件が発生した。共産党の一党独裁下にあり、公安当局の権力が極めて強いベトナムで、こうした事件（まさに現代版の「百姓一揆」）が起こるのは異例である。加えて、当局側にとって一大不祥事とも言うべき今回の事件が極秘裏に処理されることなく、ベトナム国内で広く報道された事実も注目に値する。

そもそも今回の事件は、１９８０年に、軍用空港の建設用地としてドンタム村など周辺4カ村の用地が割り当てられたことに端を発する。その後、空港建設はたびたび見送られてきたが、2年前に「国防工事」として改めて着工方針が示され、１００ヘクタール以上の農地を収用する作業が開始された。このうち、実際に空港が建設される予定の47ヘクタールについては農民側の了承が得られ、当局への引き渡しも行われたが、残りの59ヘクタール分については国防省傘下の通信会社（ベトナム有数の携帯通信企業）に割り当てられることが明るみになって、「話が違う」と主張する農民の不満が一気に爆発した。

農民の不満の背景には、土地の所有権をめぐるベトナム特有の事情も絡んでいる。共産党支配のベトナムでは、土地は国民全体の所有物であり、個人は当局からその「使用権」のみを認められるという建前になっている。ハノイやホーチミン両市のような大都会の一等地は高額な価格で「売買」されているが、実際には「土地使用権」が売り買いされているのである。しかし、地方農村の土地となると使用権の価格は極端に安く、当局による収用となると二束三文の価格しか付かず、農地を強制収用された農民は翌日から路頭に迷うことになる。今回のドンタム村の場合でも、「坪あたり1円」のような低価格だったという。それも「国防のため」という大義名分があればともかく、私企業に近い携帯通信会社に引き渡せという要求では、農民が「一揆」を起こすのも無理はない。

日本でも江戸時代にはたびたび百姓一揆が起こっている。悪代官による年貢増徴など過酷な収奪が原因だったようだが、幕府上層部や大名への直訴はご法度とされ、事の如何を問わず一揆を指導した農民は死罪とされた。現代のベトナムではどうかというと、ハノイ市長が地元農民との話し合いに乗り出し、4月22日、ほぼ農民側の要求を呑む形で決着が図られ、身柄を拘束されていた警察官も全員釈放されている。農民の刑事責任は不問とされ、工事も停止された上、土地収用の経緯について45日間にわたって調査が行われることになったようである。もちろん、これで一件落着となったわけではないが、取りあえず「農民の団結力の前に当局側が折れた」形になったのは確かである。国民世論の動向に敏感な共産党政権としては、仮に流血の事態になった場合の事態収拾の困難さも考慮して、ここは一歩譲ったというところであろう。もっとも、大方の予想通り、ほとぼりが冷めた事件の数カ月後には「一揆」を起こした農民の首謀者は刑事犯として逮捕されている。

翻って、ホーチミン革命後のベトナムにおける農業政策は成功しているとは言い難い。30年前にドイモイ（刷新）政策が採用され経済の改革開放が進む中、製造業とサービス産業は飛躍的に発展してきたが、農業だけは旧態依然、生産性は著しく低く、農民の貧困問題は経済発展の足かせとなってきた。農業セクターの就労者は全労働人口の50％近いが、GDPで見た所得額は10％程度しかない。特に、今回の事件が起こったベトナム北部は、亜熱帯気候の南部に比べて冬場の気候がやや寒冷であり、南部で一般的な二期作、三期作に適さない土地柄である。換金作物である果物類の生産量も南部に劣る。こうした中、ベトナム政府は農業の近代化を優先課題にしているが、その歩みは実に遅々としている。大都市周辺の経済発展が進み、都市住民の所得が急速に上昇するのを尻目に、1日1ドルで生活するような農民の不満はかなり鬱積している。今回の事件の背景にはこうした農村事情もある。

最後に、もう一つ、忘れてはならないことがある。それはベトナムにおける軍と警察の微妙なライバル関係である。今回の事件をめぐっては、大した武器を持たない農民が、強大な権力を持つ公安当局に属する警察官ら38名の身柄を拘束できた「意外性」に関して種々の憶測が飛び交っている。そもそも今回の土地収用は国防目的ということで始まっているが、その実は、軍の「稼ぎ頭」である軍隊通信グループに企業用地を提供するのが真の狙いではないかと見る向きがある。だとすれば、軍が得するだけの土地収用に公安（警察）側が体を張るのはバカバカしいと考え、動員された警察官が農民側に「自主投降」をして騒ぎを大きくし、軍の理不尽さをあえて白日の下に晒したと読めなくもない。メディアを実質的に抑えている公安当局が事件の報道を規制している様子がないことも、こうした「読み」が正しいことを裏付ける。さらに言葉を付け加えるならば、軍と警察の背後にはそれぞれを権力基盤とする政治指導者がおり、今回の「ドンタム百姓一揆」は最高指導部における権力闘争の一つの表出事例に過ぎないと見る向きもある。ベトナムの政治は奇々怪々である。

3. 韓国で相次ぐベトナム人妻の殺害事件

２０１７年６月末、ソウル市内で韓国人男性と結婚していたベトナム人女性が夫の父親に殺害される事件が発生し、大使館を巻き込んだ外交問題に発展した。韓国人男性と結婚して韓国に在住しているベトナム人女性の数は公式統計で約４万人（２０１６年末時点で国籍別第１位、全体の31・５％）、一説では10万人以上と言われており、文化・習慣や言語の違いもあって、離婚騒ぎや家庭内暴力などのトラブルが絶えない。彼女たちが殺害される事件は毎年のように発生しており、ベトナム国内でも大きく報道されて、その都度、国民的な怒りを惹起している。

韓国では、過去十数年来、男性の国際結婚率が急速に高まっている。今や、韓国人男性の7~8人に1人が外国人女性と結婚する状況にあるが、この背景には韓国社会の国際化だけではなく、特に農村部における貧困化の問題などで、結婚相手を容易に見つけられない男性が増えているという事情がある。その一方で、中国(北部)や東南アジアの貧困地域では、若い女性が貧しい境遇から抜け出すことを夢見て韓国や台湾の男性との結婚を望む状況が生まれている。これらの男性は多くの場合40~50歳の年配者であり、女性側は20~25歳だという。いささか不釣り合いだが、ともあれ需要と供給の原理が働いているのは事実。もちろん、そこには当然のごとく結婚斡旋業者が介在し、中には金儲けをたくらむ悪徳なブローカーも存在して、騙したり騙されたりの世界が生まれている。

韓国人男性と結婚する外国人女性の圧倒的多数が中国とベトナムの女性であり、朝鮮系中国人を含めると両国だけで全体の70%近くを占めている。ベトナム国内(特にホーチミン市やカントー市などの南部)では、韓国人男性との結婚を斡旋する業者の数が増え、あちこちで違法な「お見合いパーティ」が頻繁に催されているようで、観光客を装った韓国人男性がグループでベトナムを訪れ、人身売買もどきにベトナム人女性を物色しているとの噂が絶えない。私がハノイに駐在していた２００８〜１０年当時にも違法な集団見合いの摘発が相次ぎ、大きな社会問題になっていた。ホーチミン市の隠れ家のような民家で、韓国人男性７人に花嫁候補のベトナム人女性１６１人（既婚者も多く含まれていたという）が集まって「お見合いパーティ」をしていたとの報道を目にしたし、韓国人男性１人に若いベトナム人女性68人が集まり、女性を裸にしてファッション・ショーのように壇上を歩かせ、好みの女性を物色している現場が摘発されたとの驚くべきニュースもあった。（２０１６年11月に、ベトナムのある女性団体が発表した調査結果によれば、結婚前に韓国人の夫と会った回数は１〜２回が70％、３〜４回が21％だったという。これも驚きである。）

こうした女性たちは貧しい家庭の出身者で、教育水準も総じて低いようだ。結婚が成立すれば韓国人男性の側から斡旋業者に大金が払い込まれ、女性の親元にもまとまったお金が渡されているため、一見して人身売買の様相を呈する。こうした状況に、ベトナムの女性団体や国際人権団体が懸念の声をあげ、両国政府も対応策を協議するに至っている。２０１４年には国際結婚にかかわる法制度を厳格化し、女性側が意に反した結婚を強いられない手続きが定められたようである。50歳以上の男性との結婚を原則禁止にしたり、20歳以上の年の差がある場合は結婚許可書の発給に当たって当局との事前面接を義務付けたりといった内容が盛り込まれている。国際結婚の斡旋窓口もベトナム側では女性連合という共産党の傘下団体に限定された。その効果があってか、韓国人男性とベトナム人女性の結婚件数はかつての年間８０００～９０００人から今では３０００～５０００人のレベルまで減少しているという。しかし、国際結婚するベトナム人女性が毎年10万人いると言われる時代に、韓国側に需要がある限り、人身売買まがいの結婚斡旋はなくならないだろう。現に、２０１７年の結婚件数は再び増加に転じ、６０００人レベルになっている。

なお、我が国の場合、日本人男性と結婚して日本に在住しているベトナム人女性は３１００人ほど（２０１７年末時点）で、国際結婚全体の２・２％と少ない。国籍別で７～８番目である。もっとも、ベトナム人女性と結婚してベトナムに在住している日本人男性が少なからず存在する。私の友人もそうした日本人男性の一人である。

4．ツングース的特徴から窺い知る「朝鮮民族」

韓国の慰安婦像・徴用工像の問題にしろ、北朝鮮の核・ミサイル開発の問題にしろ、朝鮮民族の考えることは我々日本人には理解困難である。どうも思考回路が全く違っているのではないかと思われてならない。同じ東アジアのウラル・アルタイ語族に属し、外見的特徴も似ているだけに、ついつい同種同根のように思い込みがちだが、どうやら異星人とでも観念した方が理解の近道のようである。

最近、「儒教の影響」という観点から朝鮮民族（及び中国人）の思考法を解説し、我々日本人との違いを説明する議論が流行している。祖先崇拝・古礼墨守の習慣から礼教主義による秩序感覚に至るまでまさに儒教の教えそのものであり、上下序列を重視する華夷思想もそこに由来する。中国・春秋時代の孔子の教え、そして南宋時代の朱子の哲学が精神の髄にまで沁みついている。人を人らしくするための思想体系として紀元前の中国人が絞り出し、滅亡の末路にある王朝が心の拠りどころとした哲学が朝鮮民族の心の奥深くに今日なお息付いているとすれば、それはそれで驚嘆に値する。

しかし、「儒教の影響」だけで朝鮮民族の行動パターンのすべてを理解しようとすると当然ながら無理が生じる。つまり、儒教の教えはそれ自体いかに濃厚なものであったとしても、言わば広い意味の「教育」を通じて事後的に身に着けた「獲得形質」のようなもので、民族の原型という「素」の部分を説明することにならないからである。この点では朝鮮民族の出自に遡って彼らの「民族的特徴」を解析する必要があるように思われる。

朝鮮民族が人種的にツングース系に属することには異説がない。朝鮮半島の歴史時代は「三国時代」(あるいはその前の「三韓時代」)に遡るが、高句麗の始祖・朱蒙は沿海州の扶余(満州ツングース系の一族)の生まれとされ、百済はその弟が建国したと伝えられる。いずれも紀元前1世紀のことである。半島南東部の新羅の場合、その建国神話では土着諸族の統合によって国王が選ばれた韓族の国とされているが、歴史をさらに遡れば、その韓族自体が満州方面から南下してきたのではないか。まあ、いずれにしろ、統一新羅、高句麗、高麗、李氏朝鮮という半島統一国家の栄枯盛衰の過程でツングースの血が朝鮮民族の中に濃厚に沈殿していったであろうことは疑う余地がない。

では、ツングースとはいかなる民族的特徴を有する人たちなのか。もちろん、私は民族学者ではないので自説を展開することはできない。そのため、一つの便法として司馬遼太郎氏が「街道をゆく」シリーズ(朝日新聞出版)の第2巻『韓《から》のくに紀行』(1972年)で詳述しているツングース論を借用する。司馬氏は朝鮮民族が古代ツングースの特徴を濃厚に持っているとした上で、「朝鮮人は世界でもっとも政治論理のするどい民族だと思っている。政治論理というのは奇妙なもので、鋭どければ鋭いほど物事を生まなくなり、要するに不毛になってゆく性質のものだ」と言い、また「政治的論理という、この鋭利で、そして鋭利なほど一種の快感をよび、また快感をよべばよぶほど物事が不毛になるという危険な抽象能力」との指摘もある。別の箇所では朝鮮人の思考方式に触れ「怨念が強烈な観念になって事実認識というゆとりを押し流してしまう。〔……〕どう考えてもツングース人種の固有の精神体質としか言いようがない」「朝鮮人のもつ観念先行癖《へき》――事実認識の冷静さよりも観念で昂揚すること――やそれがための空論好きという傾向」「現実直視能力というものは残念ながらあまりない。このことは〔……〕概して朝鮮知識人の通弊である」とのくだりもある。また、司馬遼太郎氏は「怒れるツングース」の姿を目撃しては面白がっている風がある。「韓国人というのは怒りっぽい民族だ」「韓国人が喧嘩相手をののしるとき、まことに苛烈である」「感情と表現の激烈さは〔……〕朝鮮民族のごくありふれた特徴」「自分の観念の中にある観念的な日本人像にむかって爆発を繰りかえしているために、罵詈罵倒《ばりばとう》はもはや儀式のようになってしまっている」といった記述が随所に見られる。誠に同感である。

なお、司馬氏の指摘する「朝鮮人の観念先行癖」に関連して私個人として思い当たることが一つある。それは銅像、石像、木像の如何を問わず、朝鮮人が「像」を好むことである。北朝鮮の巨大な金日成・金正日像は言わずもがな、朝鮮半島には至る所に過去の将軍ら歴史上の人物の立像がある。ベトナム在勤中に聞いた話では、ベトナム戦争に参戦した韓国軍は主な戦闘の現場現場に司令官の石像を立て残していったという。もちろん、戦争後、これらの立像はすべて破壊され、今は残っていない。私は、朝鮮人の場合、「観念」という抽象的なものを具象化する手段として「像」を作り続けたのではないかと思う。それによって一度生まれた観念は事実がどうであったかとは無関係に固着する。現在の慰安婦像や徴用工像への韓国人の異様な執着は、どうもこの辺りの民族性と関係がありそうである。とにかく私たちは「怒れる朝鮮民族」とうまく付き合っていかなければならない。

5．太平洋戦争終結時の台湾兵と朝鮮兵

『台湾人と日本精神　日本人よ胸を張りなさい』と題する実に興味深い本がある。平成12年（2000年）に日本教文社から出版された書籍で、著者の蔡焜燦《さいこんさん》氏は台湾人である。2017年7月に90歳で他界された。台湾の実業界では名の知られた人だったようだが、1945年、太平洋戦争の終結を18歳の少年志願兵として岐阜陸軍航空整備学校奈良教育隊で迎えたという経歴を有する。

私がこの人物に興味を持ったのは司馬遼太郎氏の『街道をゆく40　台湾紀行』（1994年、以降本書内では『台湾紀行』と表記）を読んだことがきっかけである。蔡氏はこの

作品の中で「老台北」（愛称）と呼ばれる案内役で登場するのだが、一章を設けて人物紹介されるという特別な扱いを受けている。『台湾紀行』は70歳になった司馬氏が「この本を書くために生まれてきたような気がする」とまで人に語っていた渾身の名著である。

さて、蔡氏の本の方だが、1945年8月の終戦日前後という特別な時期における台湾出身兵と朝鮮半島出身兵（戦時中はともに「日本兵」であった）の振る舞いの違いが克明に記されている。両兵ともに8月15日を境に出身地が突然に「戦勝国」になるという驚天動地の経験をした。その後の数カ月の間に彼らが日本で受けた待遇は「戦勝国兵士」として破格のものであったらしい。

台湾からの「日本兵」は1942年になって陸軍特別志願兵制度が導入されてから生まれている。志願兵制度の開始が台湾より早かったとは言え、朝鮮半島出身者は中将まで上り詰める者が出るほどの優遇を受けたのに対し、台湾出身者はせいぜい大尉止まりであったらしい。ところが、日本人上官の視線は台湾出身兵にあたたかく、朝鮮半島出身兵には冷ややかだったと蔡氏は回想している。この違いがどこから来るのかは興味深いところである。

志願兵制度について言えば、戦局が容易ならざる状況の中で、日本支配下におかれた台湾からも兵士を募らざるを得なかったものと思われる。注目すべきは、この志願兵募集において台湾の場合は定員の400倍（朝鮮の場合でも約60倍）という多数の応募があったことである。蔡氏はこのことを紹介した後、「こうした事実を振りかえる時、戦後の韓国が主張するあらゆる日本への協力の〝強制〟なるものは疑わしいといわざるを得ない」と断じている。

蔡氏は創氏改名についても重要な指摘をしている。創氏改名とは日本の植民地下の朝鮮に対する皇民化政策の一つで、1939年に朝鮮人の姓名を日本風に変えるよう朝鮮総督府が始めた制度だが、台湾でも同様なことが行われたとされる。ただ、台湾では創氏改名は許可制で、役所に申請した上で審査を受けねばならず、これが受理されないかぎり改姓名を名乗ることができなかったようだ。これより2年早く「改姓名運動」が始まっていた朝鮮の場合は自己申告制で、蔡氏と同じ奈良教育隊に入隊していた朝鮮出身者は全員が改名していたのに対し、台湾出身者の場合は同期約40人の内、改姓名を名乗っていた者はわずか5名程度だったという。その上で蔡氏は「台湾では創氏改名が〝強制〟だった事実はない。一方、朝鮮出身者の全員が創氏改名して入校していたことが興味深い」と意味深長な指摘をしている。

もう一つ、いわゆる従軍慰安婦についても注目される言及がある。氏いわく「引揚者の中には、海南島から日本兵とともに引き揚げてきた20名ほどの台湾人慰安婦の姿もあった。……彼女らは口々に、『海南島は儲かるし、それよりも兵隊さんが喜んでくれたんです』と語っていた。そうした生の声には、現代の日本で騒がれるような強制連行の〝悲劇〟などは存在しなかったことを、私のこの耳がしっかりと聞いている」と。もちろん、台湾人女性と韓国人女性の場合、あるいは慰安婦個々人で状況に違いがあった可能性は排除されないものの、蔡氏の「証言」からすれば、ステレオタイプな慰安婦悲劇像を一律に結ぶことは現実から離れることになるかもしれない。

ともあれ、蔡氏ら台湾兵が目撃した終戦直後の朝鮮半島出身兵の乱暴狼藉と傍若無人な振る舞いは衝撃的である。祖国に帰還するための引揚列車の中で乗り合わせた朝鮮半島出身兵が、敗戦で消沈した日本人をいびり続け、肩をいからす光景はにわかに信じがたいほどだが、その一方で連合国の一員となった蔡氏ら「中華民国台湾青年隊」にはおべっかを使ってすり寄ってきたという。「弱い者には威張りちらし、強い者には媚びへつらう、そんな彼らの極端な習性を目の当たりにした思いがした」との同氏の目撃談を今の韓国人はどう聞くのであろうか。昨今の韓国内政のドタバタや中国にすり寄る韓国外交を見る時、蔡氏の指摘はいかにも的を射ているように思えてならない。

6．1300人拉致事件の顛末
～「刀伊の入寇」から学ぶ今日的教訓～

日本史を勉強した人でも今から約1000年前、1019年に起こった「刀伊《とい》の入寇」を知らない人は多い。しかし、この出来事は日本史上で初めて発生した外国勢力（海賊ではあるが）による大規模な侵攻であり、日本人365人が殺害され、1300人近くが拉致されるという未曽有の大事件であった。

時は平安時代、かの藤原道長が全盛を誇った頃の話である。10世紀頃から日本海周辺で海賊行為を繰り返していた東女真族（朝鮮半島・高麗国の北東辺境（沿海州）に住んでいた蛮族）が1019年の3～4月に賊船約50隻の大船団を組んで対馬、壱岐、そして九州北部を襲ったのである。彼らは、壱岐島で国司の藤原理忠を殺害した上、島民148人を殺りく、239人を拉致しており、その直前には対馬で同様の略奪・殺りく・放火をはたらいている。その上で、九州北部沿岸地域（筑前、肥前）を襲い、太宰権帥・藤原隆家率いる九州武士団と約1週間にわたって大戦闘を繰り広げた末、1300人近い日本人を拉致したまま引き揚げたという。

この事件の顛末については、同時代の公卿・藤原実資《さねすけ》が書き残した『小右記』という日記に詳しく記録されている。私が驚くのは、この事件に遭遇した時の朝廷（公卿）の無策ぶりである。ほとんど何の対応もせず、すべて現地任せ。自分たちは「大臣欠員騒動」という内輪の問題に明け暮れる始末である。せめて賊を撃退した九州武士団への恩賞くらいあってしかるべきだったと思うが、これも極めて不十分にしか行われていない。特に、現地で総指揮をとった最大の功労者・藤原隆家に対して何らの慰労も行われていない様子なのは理解に苦しむ。おそらく、こうした朝廷（公卿）の無策・無関心が武士団の怒りを買い、平家の台頭から鎌倉時代へとつながるその後の武士層の影響力拡大の一因になったのではないか。何人かの史家が指摘しているように、260年後の元寇が仮に鎌倉幕府当時ではなくこの時代に起こっていたら、日本はモンゴルに完全占領されていたかもしれない。

私は、この事件は今日的教訓に満ちているように思う。昨今、東シナ海での緊張の高まりや北朝鮮の挑発的な動向に直面している我が国として、不幸にして軍事的な突発事態が発生した時に政府としてどう対応すべきなのか。第1の問題は、賊の正体が不明な中での即応のあり方である。海賊侵攻の第一報を受けた時の朝廷の判断は高麗（旧新羅勢力）が攻めてきたのではないかというものであったという。現場でも賊の正体が分からず、仮にそれが高麗の軍であれば戦闘はただちに国対国の戦争を覚悟しなければならないことになる。朝廷においては中国に誕生した新王朝・宋と良好な関係を確立したことで、対外関係を楽観視し、朝鮮半島やその北の沿海州の政治・安全保障情勢への的確な情報収集・分析ができていなかった。第2の問題は、万が一外敵の大規模な侵攻を受けた場合の対応策について事前の検討と現場への指示、安全への備えなどが全くなされていなかったと思われることである。少なくとも、白村江の戦い（663年）の後に臨戦の備えをとった天智・天武天皇期のような防衛体制は全く取られていなかった。第3に、事件発生後、政府による問題の重要性把握と迅速な対応策指示がなされていないことも指摘しなければならない。もちろん、平安時代の当時は情報伝達手段に大きな制約があり、第一報が都に到達した頃には現場での戦いはすでに終わっていたようだが、朝廷としては「終わっていた」ことを知らなかった状況下でいかなる指示を出したのかは厳しく問われねばならない。実際には戦闘状態に入っていた現場では何の役にも立たないような形式主義的な訓令を発出しただけだった。長らく続いた平和の中で、多くの公卿たちに「国を守る」という防衛意識が完全に欠落していたとしか思えない。今日、私たちが置かれている状況に照らす時、何とも教訓に満ちた話ではないか。

最後に、事件の後日譚になるが、日本から引き揚げた海賊団は、その後朝鮮半島南部さらには北部に移動して同じような海賊行為を繰り返している。しかし、高麗の大軍によって撃退され、その際に拉致された日本人の多く（約300人）が現場海域で保護され、日本に無事送還されている。残念なのは朝廷側がこの事実を知りながら、高麗側の悪しき意図を疑い何らの返礼もしていないことである。わずかの救いは現場の指揮官だった藤原隆家が、独自の判断で、拉致被害者を送還して来てくれた高麗使節の労をねぎらい、少なくない金品を渡して友好的な行為への感謝の気持ちを伝えたらしいことである。

なお、「刀伊の入寇」があってから400年後、13世紀後半の2度にわたる元寇から数えれば130年ほど後に、「応永の外寇」（1419年）という朝鮮王朝による対馬襲撃事件が起こっている。朝鮮王朝第4代国王・世宗の時代、倭寇の取り締まりを目的に兵船200隻以上、2万人近い兵員を動員して対馬を襲撃、時の室町幕府に大きな衝撃を与えている。この事件後、日朝両国は外交交渉を重ね、1426年に、開港場に塩浦《えんぽ》（現在の蔚山）を加えて三浦《さんぽ》とし、これらの港に倭人の常住も認めることで結着したという。知られざる歴史の一幕である。

7．外客ブームに沸く日本と大幅減少を嘆く韓国

相変わらずの外客ブームである。最近、日本政府観光局（ＪＮＴＯ）が発表した２０１７年の訪日外客数（暫定値）を見ると、前年の入国者数２４０４万人を19・３％上回る２８６９万人で、年間３０００万人の大台に手が届くところまで来ている。まあ、一昨年までの極めて高い増加率と比較すれば、「ややペース・ダウン」と言えなくもないが、宿泊施設などの日本側の受け入れ態勢上の問題も考えれば、かなり限界に近い数値かもしれない。

２０１７年の訪日外国人を国籍・地域別に見ると、中国人７３５万人、韓国人７１４万人、台湾人４５６万人で、このトップ3だけで全体の66％を占めている。特に、韓国人の前年比の増加率は40・３％と突出しており、過去最高となった16年の年間５０９万人を大きく上回った。韓国の人口を考えれば、２０１７年1年間だけで、何と韓国民のおよそ7人に１人が訪日したことになるというから驚きである。

韓国人は海外旅行好きで知られている。韓国メディアが「年間２０００万人出国時代」と報じたのは4年以上前のことで、17年は２４８４万人が外国旅行をしており、何と国民

人口規模が日本の4割なのに、海外旅行者数では日本（年間約１７００万人）を45％以上も上回っている。もちろん、韓国にも国内旅行を楽しむ人は多く、済州島、ソウル、釜山が人気だそうだが、いかんせん見るべき観光地が少なく、すぐに「見尽してしまう」という。そこで、次に向かう先が近隣のアジア諸国ということになり、日本、中国、台湾、タイ、ベトナムなどが好まれているようだが、中国への旅行は外交問題も絡んで減少傾向にあり、今や、日本がダントツ1位の人気旅行先になっている。

では、韓国人お気に入りの日本の旅行先はどこかというと、韓国の大手旅行会社の調べでは、大阪、沖縄、東京の順だそうである。特に大阪は韓国の国内旅行先も加えた人気ランキングで済州島に次いで2位に入り、3位のソウルより上位にランクされているという。そう言えば、日本に在留する韓国人の集住先の多くが大阪・兵庫地域であり、都道府県別でも大阪が東京を上回って第1位である。大阪の街の雰囲気が韓国人に合っているのかもしれない。

ところで、韓国自身は２０１7年に入って外国人旅行客の大幅減少に頭を抱えることになった。その第1の原因が迎撃ミサイルＴＨＡＡＤの配備が外交問題になって中国人観光客が前年比で半減（７７5万人↓４００万人）したことである。２０１6年は１７２４万人の外国人観光客を数えたが、２０１7年は１２３４万人まで落ち込んだ。この惨状の背景にあるのは中国との問題だけではない。最近は韓流ブームで外国の女性観光客を集めてきた流れ（外国人旅行者の約6割が女性）に変調が表れているという。その最大の原因が一連のレイプ事件で、オーストラリアのメディアによる「女性観光客にとって危険な国」ランキングでは、韓国がインドを抜いて第1位になったと報じられている。

事実、日本人の韓国旅行ブームも2012年の352万人（中国を抜いて第1位）をピークにその後毎年減少しており、2017年は韓国側統計で228万人と推計されている。韓国では、日本人の旅行中の消費が相対的に少ないことから「日本人はケチ」などと言われているようだが、問題はそこにはない。慰安婦や徴用工の問題、あるいは竹島の領有権をめぐって反日的な言動を執拗に繰り返す韓国官民の対日姿勢に多くの日本人がウンザリしているのではないか。当の韓国人は「歴史問題と旅行は別」と割り切っているようだが、批判される側の日本人はそういうわけにはいかない。

最後に、韓国旅行をめぐる面白いデータを紹介したい。それは外国人観光客のリピート率に関するもので、日本の場合は61・1％なのに対して韓国の場合は38・6％に留まるらしい。韓国メディアの「連合ニュース」が2016年のデータとして報じたものだが、これは「見るべきものが少ない」という韓国の観光事情の他に、「旅行中にイヤな思いをした」という感想が多いこととも無関係ではない。物価も期待したほど安くはないのであろう。私個人は仕事の関係で何度も韓国を訪問し、友人もいるが、私的に観光旅行をしようという気にはならない。

8.「不法滞在」の日中韓トライアングル

最近、韓国法務部が発表した韓国内の不法滞在外国人に関する統計によると、２０１８年１月時点での総数が何と21万１３５０人に上るという。過去9年間で３・5倍に膨れ上がり、韓国に滞在する外国人の実に10・６％（ちなみに日本は２・６％）が不法滞在者だというから驚きである。国籍別に見ると中国人が全体の51％と圧倒的に多く、特にビザなしでの滞在が認められている済州島では、１日当たり平均18人の「中国人観光客」が行方をくらましているという。この島だけで年間６５００人近い中国人が失踪している計算になる。中国人絡みの犯罪も増え、当局は頭を抱えている。

あまりの惨状に韓国当局に同情したくなるが、実はそうもいかない。日本においては韓国人の不法滞在者が最も多いのである。我が法務省の統計によると、２０１８年7月１日時点で、不法残留者の総数が６万９３４６人、そのうち18％以上の１万２８２２人が韓国人である。国籍別の第2位は中国人で9459人というから、韓国は我が国では堂々の不法滞在ナンバー1の国なのである。興味深いのは、韓国人と中国人の不法滞在者を男女比で見ると、韓国人の場合は60％が女性、中国人の場合は62％が男性で、好対照をなしていることである。この違いがどこから来るのかを調べると、韓国人の大半が「短期滞在」（つまり観光）で来日してそのまま日本に居続けているケースで、女性の就労が目立つ（同じパターンが不法滞在者総数第4位のタイ人、同第5位のフィリピン人に見られる）。これに対して、中国人の場合は、技能実習生と留学生の失踪というケースが圧倒的に多い。

実は、日本にはかつて「不法滞在天国」と言われた時代があった。今から20年以上前のバブル末期で、ピークの1993年には不法残留者の総数が30万人近かった。その後、取り締まりの強化、そして韓国・中国の経済状況の改善・向上もあって劇的に減少し、2014年1月時点では6万人を下回った。ところが、ここ3～4年、ベトナム人の技能実習生と留学生の失踪が増え、このため、総数も漸増、先述の通り、2018年7月には6万9346人に達したというわけである。

不法滞在の取り締まりは難しい。発覚しても出国命令か国外退去命令を受けるだけで、よほど悪質でなければ犯罪者として懲役・禁固もしくは罰金の刑に処されることはない。普通は再度の入国が一定期間拒否されることくらいである。不法就労する者は発覚するまでにできるだけ稼ぎ、国外退去を命じられたら帰国後に家の一軒でも建てようという魂胆である。中には難民申請して日本に滞在・就労し続けようという不逞な輩もいるという。近年は、観光促進を目的とした査証免除（ビザなし渡航）が大幅に認められる傾向にあり、このため、不法残留者の数はさらに増え続け、「不法滞在の日中韓トライアングル」はますます強固なものになりそうである。

9．修学旅行先の変化から見た「日本の高校生と台湾」

今や、台湾は日本の若者にとってお気に入りの旅行先になっている。特に高校生の修学旅行先としては第1位である。台北や台南の街を歩いていると必ず何組かの日本からの団体旅行ツアーに出くわすが、多くの場合が10代後半から20歳代の若者のグループである。一体いつの頃からこうした状況が生まれているのか。

修学旅行についてはデータがある。全国修学旅行研究協会という公益財団法人が毎年全国都道府県の公私立高校による海外への修学旅行の実施状況を小まめに集計し、発表している。それによると、全国の公私立高校のうち海外への修学旅行を実施している学校の割合（２０１６年度）は公立高校で10・４％、私立高校で27・１％であるが、過去10年間の統計を見ると旅行先について顕著な変化が起こっている。この変化をひと言で言えば、「中国、韓国への旅行が激減し、台湾への旅行が著増している」ということである。伝統的に、我が国の高校生の修学旅行先は米国とオーストラリア、そしてアジアではシンガポールとマレーシアがお定まりのコースで、これらの国々への旅行者数については各々１・５万～３万人で、年ごとの変化は大きくない。これに比べて、近年、中国と韓国の場合は国内政治社会事情の変化や我が国との政治外交関係の冷え込みに呼応するように修学旅行先として忌避される傾向がはっきりと看て取れる。韓国の場合は、セウォル号の沈没事故（２０１４年４月）などの影響も出ている。

では、ここで、具体的な数字を見てみよう。２０１６年度に韓国への修学旅行を実施した高校は42校、参加生徒数は３２４６人だが、２００６年度には１８４校、２万３１９７人を記録しており、この10年間に生徒数で7分の１以下まで大幅減少していることになる。中国の場合も同様の傾向があり、２００６年度に１１７校、１万４０３１人であったものが、２０１６年度には28校、３３９８人まで減少している。もっとも、中国の場合、２０１３年度には15校、１７６１人まで落ち込んでいたので、２０１４～１６年度は若干の回復基調にあると言えなくもない。公私立別に旅行数減少の変化を見てみると、公立高校の場合は私立高校以上に中国・韓国への修学旅行を忌避する傾向が見られる。公立の学校は我が国とこれら両国との関係の変化に敏感であり、安全志向もより強いと言えそうである。

台湾はどうかと言うと、2016年度には262校、4万1878人の高校生が修学旅行で訪れており、学校数、参加生徒数ともに全旅行先の中でダントツの第1位である。2006年度には32校、3552人であったから、この10年間で、生徒数において何と12倍近くも増えていることになる。アジアへの修学旅行を実施している学校の総数には大きな変化は見られないので、中国・韓国への修学旅行を取りやめた学校の大半が旅行先を台湾に振り替えているのかもしれない。ちなみに、私が個人的に関わっているベトナムの場合、2009年頃までは修学旅行先としては全くの検討対象外であり、この年で2校、10人であったが、その後は倍々ゲームのように増え続け、2016年度実績では36校、5996人になっている。これも、中国・韓国からの振り替え現象の一つと言えなくもない。

修学旅行先は誰が決めているのか。その最終決定は学校（校長）が行うとしても、教育委員会や保護者会の意向も大きく働く。生徒の希望というのは考慮外であろう。ここで無視できないのが修学旅行を斡旋する旅行業者の存在である。これら業者が旅行プランを企画するので、いかに魅力的な、つまりすべての関係者を納得させられるようなプランを作れるのかが旅行先を決める際の大きな判断材料になっている。では、すべての関係者が納得するプランとは何かと言えば、その最重要な要素が「安全」である。治安、交通、衛生のすべての面での「安全」である。治安は当然として、マイクロバスで移動する際の交通安全、集団食中毒を起こさないための食の安全、伝染病にかからないための公衆衛生などが考慮される。次が、経費の問題。修学旅行の費用は入学時から生徒が積み立てる基金方式の学校が多いので、その額に見合った旅行先でなければならない。その意味では地理的に近距離にあるアジア・オセアニアの国々の場合は、航空賃が安くチャーター便の手配もできるので旅行先となる可能性が高い。米国やヨーロッパの国々では交通費に加え滞在費(宿泊費等)も高いので、これを選ぶ高校は裕福な学校ということになる。最後が「学習内容」。学を修める旅行である以上、旅行先で何を学ぶのかは本来最も重要な決定要因でなければならないが、実態は旅行会社任せの「見学旅行」になる傾向がある。その意味では、学校や保護者会としては「英語学習」の大義名分は受け入れやすく、実際に英語圏の国々が修学旅行先になるケースが大半である。

以上のような諸事情からすると、台湾は日本から最も地理的に近い「外国」の一つであり、英語もおおむね通じ、手頃な旅行先である。台湾の人たちの親日感情も強く、日本語を話せる人も少なくない。安全面でもほとんど問題はない。加えて、「学習内容」の面で、かつて50年間にわたって日本の植民地であったという重要な歴史教育の機会が提供できる。中国での南京事件や韓国の慰安婦問題を事前学習する場合に比べて、台湾との関係において歴史本来の教育に関わる重要なテーマを学習できるという意義は大きい。学校側として反日感情の強い国に生徒を引率するのは精神的な負担が大きいであろうし、高校生の理解力にも限界がある。私としては、台湾への修学旅行を大いに推奨したい。

10．台湾との間で拡大する留学生交流

留学生に関する統計は実に分かりにくい。日本から海外に留学する学生の数が大きく減少していると言われて久しい。確かに、経済協力開発機構（ＯＥＣＤ）等が毎年発表している国別留学統計によれば、日本人学生の海外留学は２００４年の8万２９４５人をピークに、その10年後の２０１４年には5万３１９７人まで減少している。ところが、日本学生支援機構（ＪＡＳＳＯ）が集計している海外への日本人留学生数（協定・非協定の合計数）は全く逆の傾向をたどっており、２０１０年度に5万３９９１人であったものが、

年々増加し、２０１６年度には９万６６４１人まで大幅に増加しているのである。もちろん、統計の取り方の違いによって数は異なる。ＯＥＣＤ等の場合は、加盟各国が受け入れている外国人留学生の数を個々に報告させ、これを出身国別に再集計したものである。これに対して、ＪＡＳＳＯの場合は、日本の各大学に海外留学している学生数を問い合わせてこれを集計しているので、ＯＥＣＤ等の統計との一定の誤差は避けられないし、「留学」の定義にも国別に違いがあって、これに起因する数字の差異もあろう。しかし、それにしても、二つの統計の間で、過去10年近くにわたる日本人学生の海外留学状況に全く逆の傾向が出てくるのは理解に苦しむことである。

こうした留学生統計に関わる問題を一応認識した上で、近年、日本と台湾との間の留学生交流がどのように進展しているのかを見ると、興味深い傾向が見られる。先に言及したＪＡＳＳＯの統計によれば、２０１６年度において、日本から台湾に留学している学生数は４２３７人で、留学先別で第７番目だが、ＯＥＣＤ等の統計では５８１６人（但し、２０１４年）で、米国、中国に次ぐ国別第3位になっている。ちなみに、ＪＡＳＳＯによれば、同じ２０１６年度における日本から中国への留学生数は５７８２人であるから、中国語圏への留学という点から言えば、今や、実態において、台湾と中国（中華人民共和国）が拮抗している可能性がある。両者を近年の増加率で比較すると、中国への留学生数は２

011年度から2016年度の5年間で0・98倍に微減しているのに対し、台湾の場合は3倍に著増している。この間の留学生総数の増加は1・8倍だから、中国への留学生数の減少と台湾への増加が著しい対照をなしている。

他方、中国や台湾から留学目的で訪日している学生数（JASSO統計）を見ると、2017年5月1日時点で、中国人留学生が10万7260人、台湾人留学生が8947人と両者に大差がある。もちろん、中国と台湾の間には人口において58倍以上の開きがあるから、人口比で比較した日本留学率で見れば、台湾からの留学生は中国の場合の5倍近いということになる。また、同じJASSOの統計を使って留学生数の増加状況を比較すると、2012年から2017年の5年間で、中国から日本への留学生数は1・24倍と微増にとどまっているのに対して、台湾の場合は1・94倍に大きく増えている。日台間の留学生交流は、近年、双方向で大きく増加しているのである。

なお、今回、日本人の海外留学統計を見ていて、いくつか新たに気付くことがあった。一つは、「海外留学」といってもその大半が1カ月未満の短期留学であること。1年以上の長期留学は今や全体の2％に過ぎず、このことは本稿の冒頭で疑問を呈した日本人留学生の増減傾向に関する二つの統計の違いを理解する鍵になるかもしれない。二つ目は、男女別で見た場合、3分の2が女性であり、男性の割合に減少傾向が見られること、三つ目は、中国・韓国・台湾に加えタイ、フィリピンといったアジアの国々への留学が増え、総数で北米（米国・カナダ）とほぼ同数になっていること。特に、男性の場合は留学先としてアジアが北米を上回っている。日本人の海外留学事情も年々大きく変化しているようである。

11．英誌が報じる中国「シャープパワー」脅威論

まさに画期的な報道である。世界で最も重要な政治・経済紙の一つと言われる英国の『エコノミスト』誌（発行部数約160万部）の2017年12月16〜22日号が、欧米の政界・言論界で影響力拡大を図る中国の工作活動の現状を特集している。その巻頭論説は同年12月20日付の日経新聞が全文翻訳している。中国の「シャープパワー」の恐るべき実態を知る上で有用な記事である。

「シャープパワー」とは軍事・経済力を背景とするハードパワー、あるいは文化や価値観を根源とするソフトパワーのいずれとも異なるもので、中国が主に欧米諸国で展開する政界向けなどの世論工作を指し、買収・威嚇・情報操作など悪意に満ちた諸手段を駆使した

影響力扶植活動を批判的に指摘する用語（米国シンクタンクが初使用）である。中国の人権活動家にノーベル平和賞を授与したノルウェーへの「経済制裁」や、THAADを配備した韓国への旅行制限なども「シャープパワー」行使の事例と捉えられる。

冒頭に述べた英誌の論説は、シャープパワーについて次のように整理している。すなわち「中国は多くの国と同様、ビザや補助金、投資、文化などを通じて自国の利益を追求してきた。だがその行動は最近、威嚇的で幅広い範囲に及びつつある。中国のシャープパワーは、取り入った後に抵抗できなくさせる工作活動、嫌がらせ、圧力の3要素を連動させることで、対象者が自分の行動を自制するよう追い込んでいく」。

中国の国際世論工作の目的は自国へのあらゆる批判を徹底してつぶすことにある。特に、政治体制、人権侵害、拡張主義的な領土主張への批判には極度に過敏である。こうした批判を展開するジャーナリスト、有識者、学者などに対しては中国への入国査証を発給しないなどの嫌がらせを行う。民間企業ですら攻撃の対象になる。英誌は中国シャープパワーの特徴として、浸透力が強いこと、自己抑制をもたらすこと、国家関与の証拠をつかみにくいこと、の3点を挙げているが、まさにその通りであろう。特に浸透力の強さの事例として、中国語教育の場を提供している「孔子学院」（世界に500校、さらに「孔子学級」が1000クラスある）を通じた間接的な工作を挙げているが、カネの力を背景とした世界の若者への影響力行使の好例である。

海外の大学に留学している中国人の学生（2017年で約87万人）や学者が所属するCSSAという連盟も各地の中国大使館からの資金援助を受け、所属メンバーの相互監視や当局への情報提供を義務付けられているようである。研究機関間の国際協力の名の下に、研究資金を提供し、中国に不利益をもたらす研究を自己規制するように仕向けているという。報道分野では中国ラジオ・インターナショナルが世界14カ国、33のラジオ局に密かに資金提供し、報道内容をコントロールしているとの調査結果もある。

中国による、はるかに露骨な政界工作の事例は豪州やニュージーランドで大きく報じられており、米国、カナダやドイツでも同様である。ニュージーランドのカンタベリー大学の某教授は、他国の政治を誘導・買収・恐喝する中国の工作に対抗することは「新たな世界的闘争である」と喝破している。英誌『エコノミスト』の巻頭論説は「中国のシャープパワーの手口を白日の下にさらし、中国にこびへつらう者を糾弾するだけでも、その威力を大いに鈍らせることになる」と言い、さらに「中国が将来友好的になるだろうと期待して、今の行為を無視していては次の一撃を食らうことになるだけだ」と主張している。この種の論説としては実に大胆であり、ある意味で「勇気ある主張」とも言える。

英誌による特集の中には日本国内におけるシャープパワー行使の事例は全く取り上げら

れていない。しかし、中国政府が隣国で悪しき意図による政治・世論工作を全くしていないとは考えられない。ニュージーランドの大学教授の言を俟つまでもなく、私たちは今や「新たな世界的闘争」の渦中にあるのであり、「無視していては次の一撃を食らう」ことを心すべきである。中国との友好関係を発展させることは重要だが、だからこそ中国の悪意ある工作には注意を怠ることなく、断固として声を上げるべきなのではないか。

12．13万人を超えたベトナム人技能実習生

２０１８年9月に法務省が発表した在留外国人統計によれば、18年6月末の時点でのベトナム人在留者数は29万１４９４人、そのうち技能実習生が13万４１３９人だという。ベトナム人技能実習生の数が10万人の大台に乗ったのは17年6月であり、今や中国人の数（7万７５６７人）を大きく凌駕している。つい数年前まで「技能実習生といえば中国人」というのが常識であったが、今やそうした時代は終わったようである。

技能実習生の総数は17年12月末の時点では27万人ほどだから、そのうち45%をベトナム人が占める計算になる。一体いつ頃からベトナム人の技能実習生が増え始めたのか。大き

な転機は２０１０〜１１年頃に訪れている。リーマン・ショック後に国際競争力の回復を目指す自動車産業や繊維縫製業が安い労働力を求めて技能実習生をリクルートし、一方のベトナムも高インフレと貿易赤字による経済混乱の中で、外貨獲得目的で大量の労働者を海外に派遣し出す時期である。事実、ベトナムからの技能実習生数は２０１０年にその前年の４３５５人から７９２２人へ、そして11年には初めて1万人の大台に乗る1万３５２４人を数えている。実習生の政府系受け入れ機関である公益財団法人 国際研修協力機構（ＪＩＴＣＯ）がベトナム労働省と制度整備を目的とする二国間協議を開始したのも２０１０年のことだったと記憶する。

技能実習制度はその後にもう一つ大きな山場を迎える。それは２０１３年に入り、尖閣諸島をめぐって日中関係が急速に悪化したことに伴い、中国からの技能実習生の数が大幅に減少し始めたことである。２０１２年に15万１３５４人という過去最高の数を記録した中国人実習生は、翌13年に10万７１７４人へと30％近く減少した。他方、この減少を埋めるように、ベトナムからの実習生は毎年大幅増加し、２０１３年に2万人台だったものが、翌14年に3万人台、15年に5万人台となり、ついに２０１６年には約8万人で中越両国がほぼ同数になったのである。

では、13万人を超えるベトナム人実習生は日本のどこにいるのか。もちろん、彼らベトナム人は日本全国に散らばっているのだが、特に愛知、埼玉、岡山、広島、大阪の府県に多い。実は、この分布にも近年大きな変化が見られ、数年前までのトップ3は愛知、岐阜、茨城であった。愛知は自動車の部品工場、岐阜は繊維縫製業、茨城は農業分野で多くのベトナム人技能実習生を受け入れていたが、今では愛知を含め大都市圏の建設業の現場で働く者が増える傾向にある。また、北海道や広島、埼玉、千葉などで食料品製造（食肉加工や惣菜製造）にかかわる者も増えている。

今後の技能実習生の動向を予想すると、中国からの実習生は漸減、ベトナム人は増え続けるものの過去数年のような大幅増加はないであろう。日本に需要はあってもベトナム側の送り出し余力が小さくなりつつあるからである。また、台湾、韓国との人材の奪い合いもますます熾烈になるであろう。こうした中で技能実習生を「安い労働力」と考える時代は終わり、日本の若者が敬遠する職種を埋める人材源と考えなければならなくなるのではないか。

アジアからの技能実習生という点ではフィリピン人（２０１７年12月末時点で２万７８０９人）やインドネシア人（同２万１８９４人）の微増も期待できる。ネパール、カンボジア、ミャンマーからの実習生もさらに掘り起こせるであろう。タイを除き、送り出し機関と日本の監理団体とのパイプ作りはこれからである。

また、職種間での実習生の争奪合戦という面も出てこよう。すでに紹介したように、機械、繊維、農業の伝統3分野から最近では大都市圏の建設業に移行する傾向が見られたが、今後は食品製造、介護などの分野にさらに人材が移っていくのではないか。特に、介護分野は政府も今後力を入れるだろう。造船、宿泊、金属プレス、鋳造といった新たな分野も視野に入っている。

同時に、技能実習を終えて帰国するベトナム人との人的パイプを維持する重要性も高まると予想される。経済がグローバル化し日越関係が密になる中で、日本で3～5年働いた経験を持つベトナムの若者を「人材の宝庫」として現地に進出する日系企業などが活かさない手はない。ただ、政府が検討しているように「在留10年」を認めるようになると、本国への帰国より日本での定住を選ぶようになるかもしれない。

13. 日本の合従外交と中国の連衡策の相克

中国の歴史における「戦国時代」（紀元前5～3世紀）に縦横家《しょうおうか》と呼ばれた弁舌の徒が活躍した時期があった。斉や秦、あるいは楚といった主要7カ国が生き残りをかけて戦いと外交にしのぎを削っていた時代だが、縦横家は諸国を遍歴・遊説し、その国の指導者（国王）に有効な国家戦略や権謀術数策をもちかけ、それが採用されて一国の宰相になる者までいた。

そうした縦横家の中でも特に有名なのが、蘇秦と張儀の2人である。この頃、中国大陸では西方の秦が急速に力をつけ、戦国7大国の中でみるみる群を抜いて超大国になりつつあった。他の6カ国は秦からの軍事侵略を恐れていたが、同時にお互いの間でも争いごとをかかえ、身動きのとれない状況にある。ここに蘇秦や張儀といった有能な縦横家が暗躍する素地が生まれていた。

司馬遷の『史記』によれば、蘇秦は北方に位置する燕という国に行き、趙や斉、楚など南方の国々とタテに連携・同盟して超大国の秦に当たるべき（合従策）と説いた。一方、蘇秦と同門のライバルであった張儀は秦に行き、秦王・政（後の始皇帝）に会って、6カ国の連携を阻止しバラバラにした上で、一つひとつの国を個別に撃破すればよい（連衡策）と説いて、これが採用されたのである。蘇秦・張儀はそれぞれ宰相の地位に上り詰め、しのぎを削り合ったが、その後の歴史は張儀の連衡策が圧勝したことを示している。

なぜ今、私が、こうした故事をくどくどと話しているかというと、現在の東アジアの政治・安全保障状況が当時のそれと酷似していると思うからである。超大国化し、近隣諸国を脅かし始めた中国はまさに昔の秦のごとくであり、我が国や韓国、台湾、ベトナム、フィリピンといった国々はこれに効果的に対抗する戦略を容易に見いだせないでいる。

安倍総理の説くインド太平洋構想が蘇秦の合従策に相当するとすれば、これら近隣諸国の連携を阻止し分断させようという中国の戦略は張儀の連衡策であろう。なぜ過去の歴史において合従策が失敗したかと言えば、それは近隣諸国が秦の台頭に怯えつつも、相互の間にある些末なもめごとに拘泥して反目し合い、連携・同盟できなかったからである。慰安婦や徴用工など過去の問題にこだわって反日的な外交を展開する韓国の対日姿勢を見るにつけ、同じ轍を踏んでいるような気がしてならない。

張儀の分断策も巧妙で、多額の賄賂をばらまくことで相手国の政権中枢に親秦勢力を扶植している。こうした勢力が対秦融和を主張し、タテの連携・同盟や反秦外交に反対した。詩人としても著名な楚の屈原は秦の脅威を説き、斉と同盟してこれに共同対処すべきことを強く主張した宰相だが、秦に内通した佞臣の策謀にあい孤立した。親秦路線に転じた楚の国王は秦の謀略にひっかかって斉と断交するという愚策をとり、最後には秦からの王女の献上と和親条約締結の甘言に誘い出されて秦を訪問し、抑留され客地で死んでいる。絶望した屈原が長江のほとりで水死（自殺）したのは有名な話である。ちなみに、屈原は中国史上最強の「怨霊」となり、粽《ちまき》はこれを鎮めるための食品として生まれたという。

現代の中国も情報宣伝戦に長け、「親中派」を陰に陽に支援して中国に批判的な言論、勢力を封じる戦略を巧妙に展開しているように見える。とにかく、諜報と謀略を交えた緩急自在の外交は中国の得意とするところである。今、欧米に台頭しつつある前述の「中国シャープ・パワー論」はこうした状況に対する警鐘の一つであろう。もちろん、中国をむやみに敵視する必要はなく、友好協力関係を保つことは重要である。しかし、同時に、中国の対外戦略の真の狙いについて甘い幻想を抱くべきではなく、近隣国が相連携の上、時には厳しく対応する心構えが求められる。

前述のように、中国史において蘇秦の合従策は張儀の連衡策の前に惨敗した。「歴史は繰り返される」と言うが、21世紀において同じことが繰り返されるのは見たくない。そのためには、「合従」の範囲を東アジアに限定することなく、豪州・インドから広く欧米諸国にまで拡大し、「連衡」の策謀を困難にさせる知恵が必要である。長期戦に耐える覚悟も要る。歴史から学べることは多い。

14. 注目すべきベトナム人の理系才能

２０１７年7月、ブラジルで「国際数学オリンピック」というイベントが開催され、その結果が翌月に発表された。ベトナムから参加した6人の高校生は、金メダル4個、銀メダル1個、銅メダル1個を獲得。全参加国中で第3位の好成績を収めたとのことで、現地で大きく報道された。ベトナムが第3位にランクされたのは、１９９９年及び２００７年に続いて3回目だそうである。このイベントは１９５９年に第1回大会が開催され、２０１７年が58回目という長い伝統を有する。この年の大会には世界１１１カ国から高校生を中心に６１５人が参加しており、いずれも過去最多数を記録。日本は１９９０年から参加し、過去最高のランクは２００９年の第2位、今年は金・銀・銅のメダルが各々2個で、国別で第6位に入っている。

実は、こうした教科別の国際オリンピックなるイベントは、数学だけではなく、物理や化学などの理系科目や歴史・哲学といった文系科目でも開催されているが、ベトナムについて注目されるのは理系科目での好成績である。２０１７年に限れば、ベトナムの高校生は、物理で国別第6位、化学で第2位といずれの科目でも日本を上回る好成績を収めている。ちなみに、２０１８年の数学、物理、化学及び生物の国際オリンピックの結果は、数学は世界１０７カ国中で20位に落ちたが、物理は８位。化学と生物は順位不明だが全員メダル獲得の好成績を挙げており、特に生物ではハノイの高校生が全参加者２６９名の中で最高得点を挙げたという。この科目に出場した他のベトナム高校生２名も９位、19位で、金メダル３個の好成績を収め、金メダルなしの日本を大きく上回っている。なお、参考までながら、２０１８年８月にベトナムで開催された大学対抗の第17回ＡＢＵアジア・太平洋ロボットコンテストでは、ベトナムが日本と中国を破って２年連続７度目の優勝を飾っている。ベトナムの若者のエンジニアリング能力の高さが証明された結果と言える。

私が注目するのは、日本の代表として参加する高校生の多くが、開成、灘、筑駒といった特定のいわゆる「超難関校」の生徒に限られる傾向が見られるのに対して、ベトナムの場合はハノイ市やホーチミン市などの有名進学校に限定されることなく、全国各地の高校から代表が選ばれていることである。ベトナムでも大学への受験競争は年々激しくなっているが、優れた高校が全国に散らばっており、成績優秀な若者が特定の進学校に集中する度合いが日本よりも低いように思われる。大学受験の科目数も日本より少ない。日本では東大や京大などの国立大学を受験する場合は５（６）教科７科目以上の試験に備える必要があるが、ベトナムでは３〜４科目で済むので、特定科目に秀でた生徒は高校時代を通じてそうした科目に関心を集中させることが可能である。また、中国もそうだが、大学において理系よりも文系が選好されるという風潮はなく、そのため「理系の才能があるのに、文系を受験する」という現象も見られない。

ベトナムの高校生がこれらの国際オリンピックで好成績を収めている背景には、以上に述べたことの他にもいろいろな事情が絡んでいると思われるが、私は、ベトナム人は基本的に理系才能に秀でているのだと思っている。私がベトナムに在勤していた当時から、ベトナムの若者を多く採用している日系企業の関係者から「ベトナム人は計算が早い」「ベトナム人は図形処理が上手い」といった話をよく聞かされた。今では、コンピュータ・ソフトウェア開発などのアウト・ソーシング分野でベトナムは国際的な存在感を増しており、チュオン・ザー・ビン氏が会長を務めるＦＰＴ社などはＩＴ人材の宝庫と言われている。同社のお世話になっている日本企業も多い。数学のノーベル賞と言われるフィールズ賞を受賞したベトナム人数学者もいる。こうしたベトナム人の理系才能は、今後国際ビジネスの分野でますます注目されていくに違いない。

ところで、これらの科目別国際オリンピックで、ヨーロッパの高校生の成績が今一つ振るわないのはなぜだろうか。２０１７年の数学オリンピックの結果で見ると、英国の第９位が最高で、ドイツが第33位、フランスは何と第39位である。しかし、これらの国は物理や化学の分野で数々のノーベル賞を受賞しており、優れた研究者を多く輩出している。他方、中国や韓国は理系科目オリンピックのトップ5常連国だが、2015年に生理学・医学賞を受賞した中国人女性を除くと、ノーベル賞の受賞者はいない。この理由として大学教育のあり方に問題があるという指摘は多い。確かにそういう面はあるかもしれない。ただ、私は11年以上をヨーロッパで過ごした経験から、中学や高校レベルにおける理系教育の内容に大きな違いがあるように思えてならない。つまり、受験競争の激しいアジアでは、大学の入学試験に合格することを至上命題として、「出された問題を解く」つまり正解を出すことに重きが置かれているが、ヨーロッパでは「正解がないか、正解が一つとは限らない問題を考える」あるいは「問題そのものを考え出す」ような教育を多く取り入れている。言い方を変えれば、将来の伸びしろを極大化するような成長投資型の教育をしているのではないか。アジア諸国はせっかく優秀な理系人財、すなわち金の卵を多く有しているのであるから、理系科目オリンピックの成績に一喜一憂することなく、彼らの将来を見据えた長いスパンでの能力開発・人材育成も考えるべきかと思われる。

15. ベトナムモデルの南北統一を夢見る金正恩

２０１８年6月、シンガポールを舞台に史上初めての米朝首脳会談が行われ、北朝鮮の完全非核化に言及した共同声明が発表された。その後、閣僚レベルでの非核化交渉が行われているが、大きな進展は見られず、膠着状態に陥りそうな気配である。米国のメディアには非核化を疑問視する論調が支配的になりつつある。

北朝鮮の金正恩が2度にわたってＩＣＢＭの実験を繰り返したのは２０１７年7月である。１回目が米国独立記念日に当たる4日、２回目が朝鮮戦争休戦協定署名日の翌28日である。米国本土を核攻撃できる軍事能力を保持することに執着し、これをことさらに誇示せんとする彼の狙いは何だったのか。これらのＩＣＢＭ実験にかかわる日にちの選び方からしてもその目的は明らかである。それは核保有国としての認知や北朝鮮の国家安全の保障確保にとどまらない。金正恩の究極の狙いは、米国を和平交渉のテーブルに引き出し（ここまではほぼ狙い通りに進んでいる）、平和協定締結と同時に韓国から米軍を撤退させ、しかる後に短距離核・ミサイルの脅威をもって北主導の朝鮮半島統一を実現することであるに違いない。今や軍事力（核）しか頼るもののない北朝鮮にとって、これが残された唯一の「希望的シナリオ」である。このシナリオには「全面的非核化」の選択肢はない。

実は、このシナリオは１９７３年のパリ和平協定締結の後、わずか2年で南北を統一した「北ベトナム（当時）」の戦略に酷似している。米国代表のキッシンジャー大統領補佐官とパリで交渉した北ベトナムのレ・ドク・ト特別顧問は南北武力統一派の中心人物の一人であったが、交渉中はそうした立場をひた隠しにし、停戦そして選挙による南ベトナム民族和解政府の樹立を約束することで、南からの米軍完全撤退を勝ちとった。同年、米軍は約束通り完全撤退したが、北ベトナムは南ベトナム政府（チュー政権）による停戦違反を口実に、南を一気に武力制圧した。北朝鮮はベトナム戦争期間中、空軍力をもって北ベトナムを支援しており、最終的に北主導で南北統一を実現したベトナムの事例から多くを学んだに違いない。

しかし、このベトナムモデルは現在の朝鮮半島には、特に以下のような理由で全く当てはまらない。

① １９６９年に死去するまで北ベトナムを指導したホー・チ・ミン国家主席は、穏健な民族主義者のイメージを南ベトナム（及び世界）の人々の間に扶植し、北への警戒感を和らげていた。これに対し、金正恩のイメージは残虐な独裁者そのものであり、真逆である。

②当時の南ベトナムではゴ・ディン・ジェムからグエン・ヴァン・チューに至るまで、抑圧的で腐敗した専制政治が続き世論の離反を招いており、南ベトナム解放民族戦線（ベトコン）他の反政府闘争が激化していた。民主化した現在の韓国にはこうした状況はない。

③協定交渉当時、国際的な反戦・平和運動の広がりによって反米世論が燃え上がり、米国内における厭戦気分も高揚して、ベトナムからの米軍撤退は政治的に不可避の状況にあった。そして、米軍撤退後も南ベトナムを支援しようという国際世論は全く生まれなかった。他方、現在の国際世論は北朝鮮批判一色である。

④そもそもパリ和平協定交渉（１９７１〜７２年）は、戦争自体が熾烈を極める（米軍側が劣勢になる）中でこれと併行して行われたものであり、長期休戦中の今の朝鮮半島情勢と異なる。米韓同盟によって在韓米軍の駐留は揺らいでおらず（私としてはそう思いたい）、撤退すべき理由もない。

もちろん、この他にもベトナムモデルが現在の朝鮮半島に当てはまらない理由は多々ある。客観的に見れば北朝鮮の「希望的シナリオ」が実現する可能性は皆無であるが、金正恩がどう思っているかは別物である。彼からすれば内外の情勢・世論がどうあろうと、核という究極の兵器を完全に手放してしまうことがなければ（すなわち短距離核・ミサイルを保持し続ければ）このシナリオを力で実現できると考えているかもしれない。また、広く言われているように、金正恩が恐れているのは東西ドイツの統一モデルであろう。ソ連という後ろ盾を失った東ドイツは経済状況の悪化もあってジリ貧状態に追い込まれた。最後には国民世論の離反を招いて崩壊し、西ドイツに統合された。朝鮮半島で再び戦争が起こった時、中国（及びロシア）がどこまで支援してくれるかは保証の限りではなく、ドイツ統一モデル（あるいはその類似モデル）が朝鮮半島に妥当することには一定の現実味がある。だとすれば、金正恩としてはドイツの事例を反面教師にして、「頼れるのは自分（核兵器）だけ」という路線を突っ走る以外の選択がないのであろう。最近の中朝関係改善の動きは、両国の打算の産物であり、再び冷却化する可能性は常にある。

さて、それでは、こうした状況下にあって、我が国を含む国際社会として朝鮮半島、そして東アジアの平和と安定のため、いかに対応すべきなのか。今や、中国（あるいはロシア）の影響力に頼るだけの戦略は行き詰まりを見せている。北朝鮮に核を完全放棄させることも前述した状況に照らせばもはや困難であろう。さりとて、北を軍事攻撃する選択も双方に予想される被害の大きさからして現実には取りにくい。金正恩本人や核施設へのピンポイント攻撃も技術的に困難があるのではないか。ではどうするか。これも「希望的シナリオ」と言われそうだが、現在残されている唯一の選択肢は、制裁を継続しつつ金正恩体制の自壊を促すことではないか。そのためには、種々のルートから硬軟両様の情報を流すことによって、金主導の路線を貫いていけば北朝鮮が一段と国際的孤立を深め、経済的に行き詰まるだけではなく、軍事攻撃を受けるリスクも消滅せず、ひいては「国」を亡ぼす結果になるとの懸念を軍指導部内に深める必要がある。仮に、指導部内が分裂し、飢餓に苦しむ一般人民の反金ムードが高まれば何が起こるか分からない。金正恩が疑心暗鬼になればもっけの幸いである。北から流されてくる映像は金正恩を中心に国内が一致団結しているように見えるが、果たしてどうか。トランプ大統領が非核化交渉の停滞に痺れをきらし、再び「武力行使もやむなし」との考えをちらつかせるのも逆瀬戸際外交的だがよいだろう。とにかく、サイバー攻撃も駆使した謀略・調略に知恵を絞り、「来るべき時」に備えるべきである。古来、戦わずにして勝つには敵側の自壊を促すのが最良の戦術である。

いずれにしろ、金正恩にベトナムモデルが有効だと思い込ませるのは甚だ危険である。それこそ、(いずれ武力による南北統一の試みという)戦争再発の道につながる。2017年7月、ウォール・ストリート・ジャーナル紙とのインタビューでロバート・ゲイツ元国防長官が示した「現状維持による平和条約締結構想」(ICBMはダメだが中距離核ミサイルまでなら認め、その上で北朝鮮の現体制を容認するという考え)などは、本気で提案しているなら全く論外である。米国の利己的思考がむき出しで、我が国や韓国との同盟関係を破壊しかねない。パリ和平協定交渉を通じて北ベトナムが、種々の甘言を弄して米国と南ベトナム政府（チュー政権）の分断に成功したという過去から何も学んでいない。米朝交渉の傍らで金正恩の高笑いが聞こえそうである。

16. 中国による訪日旅行制限と「福建人ネットワーク」

２０１７年9月、中国当局が現地の旅行会社に訪日旅行者数を減らすよう通達を出した、という報道が流れた。背景には中国政府が資本流出を抑制する狙いで、中国人の海外旅行の規制を強めるのではないかとの懸念がある。ここ数年の我が国の好景気は、インバウンド需要、特に中国人旅行者による「爆買い」に支えられてきた面があるので、今回の報道は関係業界の特別の注意を引いたようである。

一連の報道の発端は中国南東部の福建省発のニュースにある。省当局は通達発出の事実はないと否定したようだが、同省からの訪日旅行者が特に多いことから、いかにもありそうな話だと受け止められた。中国からの技能実習生や留学生にも福建省出身者が多いと聞く。成田・関西と厦門《アモイ》の間には深圳航空の他にＪＡＬ・ＡＮＡそれぞれの定期便が毎日満席で飛んでいる。世界の各地に「福建会館」という福建華僑が集う場所があるが、日本にも長崎や神戸の他、横浜の中華街に古い会館がある。中国の他の省にかかわる会館の存在は寡聞にしてあまり知らないので、どうも福建人というのは海外華僑の中でも特別に郷土愛・団結力が強いようである。

歴史的に見た福建省と日本とのかかわりは実に古い。紀元前、日本に稲作技術をもたらしたのは中国南東部からの渡来人ではないかという学説があるが、それはさておいても平安・鎌倉の時代に両者の間に緊密な海上交易ルートが開かれていたことは確かなことである。古代、福建省の地域は「閩《びん》」あるいは「百越」と呼ばれていた。「呉越同舟」の故事が生まれた春秋戦国時代の「越」という国は現在の浙江省あたりで、福建省の北に位置したので、「閩」はさらにその南に存在した蛮族の地だったのであろう。古代越人について記した中国の古い歴史書に「部族間の争闘を好み、髪を短くし、文身《いれずみ》をし、水田稲作民で、また河川や湖沼で漁労を営む」との記述があり、古代倭人とも遠い縁戚関係にあるように思えてくる。福建語の発音から派生した日本の漢音も多い。

鎌倉時代の「元寇」という歴史的事変を調べていると、福建省にまつわる興味深い話がいくつも出てくる。「弘安の役」と呼ばれる2度目の侵攻（1281年）では高麗兵に代わって海戦に慣れた江南軍（約10万人）が主力になり、軍船の大半も粗末な高麗船ではなく泉州（福建省）で建造された頑丈なものに入れ替わったという。しかし、折からの台風の害もあって大敗すると、数千（数万という説あり）の捕虜が日本側に捉えられて殺害されている。モンゴル人、高麗人、漢人（華北人）はことごとく斬られたが、どういうわけか江南兵（浙江・福建両省出身者）だけは助命されている。彼らは「元」によって滅ぼされた旧・南宋人であり、交易によって日本と深いつながりを持ち、技術者が多かったことがその理由とされている。「友人知己は殺さず」ということだったのかもしれない。

時代がさらに下って室町時代になると、中国の「明」の南東部沿岸を倭寇が襲うようになるが、海洋交易を生業とする福建人が明朝の鎖国政策を嫌って海賊化し、密貿易を行って倭寇と一体化するという珍現象が起こっている。これらの福建人は月代《さかやき》を剃って日本人になりすまし、倭寇の体《てい》を装って海賊行為を働いたという。当時の倭寇の8～9割は中国人自身によるものである。江戸時代の初期、平戸を根城にした鄭芝龍という海賊の頭目は日本人女性と結婚して、明末清初期の英雄・鄭成功《ていせいこう》という実子を生んでいる。福建省と日本のかかわりは実に深い。

古代において福建省一帯が「百越」と呼ばれていたことは先に触れたが、実は、ベトナム人の多くが「自分たちは百越の末裔」と言っており、「ベトナム（越南）」という国名がその証のようになっている。「百越」とはインドシナ諸族の一派と言ってよい。「部族間の争闘を好み」という越人の特徴はベトナムの歴史にぴったり当てはまる。今日、そのベトナムが日本と格別の縁で結ばれていることは興味深い。ベトナム中部のホイアンなどには立派な福建会館があり、16~17世紀に多くの福建商人が移り住んだことが知られているが、明末清初のこの時代にはさらに多くの福建人が台湾に移住している。台湾で「内省人」と呼ばれている漢族のほとんどが福建人である。

今日、台湾やベトナムといった国・地域と強固な親日・友好のネットワークができている背景には、福建人の存在があると言えなくもない。同省からの技能実習生や留学生はもとより、多くの観光客にぜひ訪日して欲しいと願う次第である。(私がこの稿を書いたのは福建省を主産地とするウーロン茶を飲みながらのことである。)

17．EPAによる看護師・介護士受け入れは「焼け石に水」

2008年にEPA(経済連携協定)による外国人看護師・介護福祉士候補者の受け入れが始まって11年目になる。インドネシア、フィリピン及びベトナムの3カ国が対象だが、現状をひと言で言えば全くの「焼け石に水」である。

2018年春に国家試験に合格した上記3カ国の者は、看護師が78人、介護福祉士が213人で、合格率はそれぞれ17・7%、58・4%である。試験全体の合格者は看護師が5万8682人、介護福祉士が6万5574人であるから、外国人の合格者割合は看護師が0・13%、介護福祉士が0・33%となる。何と、看護師の752人に1人、介護福祉士の308人に1人しか外国人の合格者はいないのである。

日本の医療・介護の現場では看護師・介護福祉士の人手不足が叫ばれて久しい。現在介護職員は全国に180万人近くいるそうだが、急増するニーズに人材確保が全く追いつかない。外国人介護士を含む新規参入の促進が急務だが、特に外国人の受け入れ条件は厳しく、仮に日本に来ることができたとしても国家試験合格までのハードルは極めて高い。東南アジアから来た候補者の大半は、国家試験を途中断念するか不合格になって帰国する。加えて、国家試験に合格しても職場環境になじめず、在留期間の満了を待たずに帰国してしまう者もいる。

2018年までの過去10年間に看護師国家試験を受験したEPAによる来日者は総数(延べ人数)で3067人に上るが、合格した者は344人で合格率はわずかに11・2%にとどまる。日本人の合格率は毎年90%前後であるから外国人の合格率の低さは驚きである。介護福祉士試験の場合は過去7年間のEPAに基づく受験者総数(延べ人数)が12

56人、このうち合格した者が719人で合格率は57%と比較的高いが、日本人の合格率は71%だからこちらも見劣りがする。

こうした状況を改善すべく、看護師試験の場合は受験可能期間3年をさらに1年延長、介護福祉士の場合も4年目に受験（一発勝負）できる現行制度を5年目も可能にする措置がとられた（ちなみに2018年に5年目受験で介護福祉士試験に合格したのはフィリピン人2人）。それでも不合格なら帰国するしかないが、帰国後も在留資格「短期滞在」で再度入国し国家試験を受験することを可能にしている（この制度の下で2018年に看護師試験に合格した者は21人）。また、外国人受験者に最大のハンディキャップになっている日本語の難しさを考慮し、筆記試験の問題文にある漢字に読み仮名をふるなどの工夫もこらされているようだが、状況の抜本的な改善にはなっていない。

私見を言えば、両国家試験における外国人合格者の割合を全体の1%程度までは引き上げたい。そのためには看護師で現在の8倍、介護福祉士で3倍の合格者数が必要になる。これを実現するには合格率を上げるだけでなく、受験者数という「分母」も大きくしないと実現困難である。現在のEPA規定による看護師候補者受け入れの条件は、それぞれの本国における「看護師資格と実務経験2年（フィリピンの場合は3年）」であるが、2〜3年の実務を経験すれば「日本の試験を受けるために今さら日本語の勉強を始める気にならない」というのが普通ではないか。特に英語力のあるフィリピン人看護師は世界で引っ張りだこであり、苦労して日本の試験を受けようとする者は稀であろう。私としては、看護師候補者は日本に来てからも病院で就労・研修するのであるから「本国での実務経験は1年」でもよいのではないかと思う。鉄は熱いうちに打たねばならない。

介護福祉士については、２０１７年9月から在留資格に「介護」が加わった他、同年11月から技能実習制度の下での受け入れも可能になっているので、ＥＰＡの枠外で来日する者が増えるであろう。もちろん、本国での実務経験や日本語習得などの受け入れ条件はあるが、国家試験合格というハードルがない分、人数的な増加が見込めるように思う。政府もこの方向で大幅拡充策の検討を進めているようだ。

さて、私が個人的に関心を寄せるベトナムの場合であるが、看護師については受験可能初年の２０１４年度から合格者を出しており、4年目の２０１８年春は39名が受験して18名が合格している（合格率46・２％）。この合格率はインドネシア人の11・１％、フィリピン人の14・９％に比べ格段に高い。介護福祉士については入国してから最低3年間の就労・研修（特定活動）が必要なので、1期生（１１７名）が国家試験に挑戦したのは２０１８年が初めてで、受験者95名中89人が合格した。これは合格率94％で、日本人の71％を大きく上回る。今後とも、１人でも多く合格して欲しいと思うが、日本における介護福祉士需要の巨大さを思えば、ＥＰＡの制度は所詮「焼け石に水」と言わざるを得ない。

18．フィリピンに見る「東南アジア的民主主義」

ドゥテルテ大統領

フィリピンにドゥテルテ政権が誕生したのは２０１６年６月である。同大統領は選挙期間中からの過激な発言と乱暴な政治スタイルで「フィリピンのトランプ」などとも呼ばれていたが、２０１７年秋にはＡＳＥＡＮ首脳会議や東アジアサミットの議長役を無難にこなすなど、だいぶ「普通の政治家」らしくなりつつある。日本への２度にわたる公式訪問では背広・ネクタイを一応は着用していたし、２０１７年10月に実現した天皇皇后両陛下とのご会見でも、周囲の懸念をよそにだいぶ行儀よく振る舞った。

外交面では、就任早々から前政権とうってかわって中国寄りの姿勢を鮮明にした。南シナ海問題は棚上げし、中国から多額の投資・経済援助と武器の供与を受ける「実利外交」の展開を企図したのである。ただ、就任2年が過ぎた2018年夏頃から、公然と中国を批判する演説を何度か行うなど多少様子が変わってきている。南シナ海情勢をめぐる世論の対中警戒心が相変わらず強いことや、中国が約束した巨大インフラ事業がなかなか具体化しないことへのいらだちが背景にあるらしい。米国との関係でも、当初こそミンダナオ島に駐留する米軍の撤退を求めるなど反米的な動きを見せたが、アブ・サヤフなどのイスラム過激派との闘いでは米軍の支援をあおぐなど、一定の軌道修正が図られている。

全く変わっていないのは、いわゆる「麻薬戦争」における超法規的な殺人指令の連発である。大統領就任直後の1カ月で1800人、その後の1年半で1万1000人の麻薬犯が裁判にかけられることなく逮捕の現場で射殺されているというから驚きである。国連や欧米諸国、人権NGOなどからは厳しい非難を受けているが、当の大統領本人は全く気にかけている様子がない。むしろ、フィリピン国民の圧倒的な支持を背景に「麻薬戦争」はますます熾烈になっている。ドゥテルテ大統領は大学時代にロースクールで学んでいるから決して法律の素養がないわけではないが、ダバオ市長として6期22年間勤め、この間に奇跡的な治安回復を実現したことが同大統領の政治家としての最大の「売り」である以上、このスタイルは変わらないだろう。

フィリピンは貧富の格差がとりわけ大きいことで知られる。国際基準の「極度の貧困」

率（1日当たり1・9ドル以下で生活する人の割合）で見ると、国民人口の25％（4人に1人）がこれに該当する。1人当たりGDPではベトナムやカンボジアよりずっと高いが、これら両国の「極度の貧困」率は17％程度だから、フィリピンにおける貧困問題がいかに深刻かが分かる。貧困の地域格差も大きい。首都マニラ圏の貧困率は4％以下だが、南部ミンダナオにはこれが70％を超える州もある。富はマニラ首都圏とその周辺州の富裕層に偏在し、いわゆる「中間層」すら他の東南アジア諸国に比べれば十分に発達しているとは言えない。

歴代政権も貧困問題の克服に取り組まなかったわけではない。しかし、経済成長が1～2％という時期が長く続いたため、対策推進の財源が不足した。こうした状況に変化が出てきたのはベニグノ・アキノ政権（2010～16年）の後半からである。伝統的に製造業が弱く、生産性の低いサービス産業が経済の中核を担ってきたが、外資の導入で製造業が発展し始めた上、ICT関連産業とりわけコール・センターなどのBPO産業ににわかに国際的注目が集まり出して状況を一変させつつある。国民人口が1億人を超え、その平均年齢が23～24歳という若さもこれら産業にとっては魅力である。今やフィリピンのGDP成長率は6～7％に達し、東南アジアで最も経済成長の著しい国になっている。ドゥテルテ政権にとっては追い風であり、貧困克服への道が開かれようとしている。

タイの軍事政権や最近のミャンマー情勢を見るまでもなく、東南アジアの民主主義は欧米のそれとは大きく異なる。ベトナムなどの社会主義国を除き、自由選挙と民主的な政治制度は一応あるが、その運用の実態が違う。汚職腐敗は総じてまん延しており、独裁的な政権運営も一定程度許容されている。要は、政治的安定と治安の回復、経済の発展を図ることで国民の生活を改善できれば政権は支持を受け続けるのである。東南アジアで政権交代が起こるのは時の政権が私利私欲に走り、特権階級の既得権のみを擁護し、一般国民の生活苦・不利益を顧みない場合である。民主主義が健全に運営され、人権が尊重されているか否かは二の次である。「富の再分配」こそが東南アジア的民主主義の基礎を成す。この意味では、ドゥテルテ大統領は、フィリピン政治史上まれに見る「立派な指導者」と言えるのかもしれない。

19．光海君の故事に見る金正恩の末路

２０１８年、北朝鮮情勢をめぐって果たして何が起こるのか、とりわけ暴虐の限りを尽くす北朝鮮の金正恩の末路がいかなるものになるのかが世界的な関心事になった。米朝交

渉による完全非核化合意が期待薄な中、米朝核戦争を回避しうる唯一の（？）希望的シナリオは金正恩の自滅か失脚と言われるが、それはどういう状況なのか。そこで、「歴史は繰り返す」との視点に立って彼の命運を観望してみると、朝鮮王朝の第15代国王であった光海君《クァン・ヘ・グン》にまつわる故事が参考になる。

この国王は今から400年前の人物である。彼は、先代国王の側室の次男であったが、王位を狙うライバルであった同母兄を殺し、正室から生まれた嫡男（異母弟）も殺して王位に就いている。しかし、こうした悪行が災いし、在位15年（1608〜23年）の後に甥（後に第16代国王・仁祖となる異母弟の子）が起こしたクーデターで廃位され、島流しの刑に処せられて、そこで没している。暴君として廃位されたため、国王としての廟号・諡名もない。（もっとも、最近の韓国映画やTVドラマでは光海君を名君・善人として扱うものもあり、歴史の再評価が行われているようだ。）

金正恩は叔父（張成沢）を殺し、異母兄の金正男もクアラルンプール空港事件で毒殺した疑いが濃厚である。悪行の数々は光海君に勝るとも劣らない。ここで興味深いのは金正恩が次の標的として甥（金正男の嫡男）である金漢率《キム・ハンソル》（1995〜）の命を狙っているらしいことである。金正恩が光海君の故実を知っていれば、彼の心理として最も警戒すべき人物こそ、第2代・金正日の長子の長子に当たる直系男子・金漢率であろう。

金漢率の所在は極秘にされている。オランダ説や米国説などいろいろと憶測されており、中国も陰に陽に絡んでいるようだがはっきりしたことは判らない。母・妹とともにいずこかで生活している。光海君は甥の一人も反逆罪で処刑しているから、周辺が同人の身の危険を心配するのは当然である。事実、2017年10月末には、金漢率暗殺を目的に中国に入国していた北朝鮮の特殊工作員7名が、当局に身柄拘束されたと報じられた。

金正恩にはもう一人、金正哲《キム・ジョンチョル》（37歳）という同母兄がいるが、この男は大の音楽好き（エリック・クラプトンの熱狂的ファン）で、政治に無関心と言われる。真偽は不明だが、一部には精神を患っているために「王位」を脅かす存在とは見られてこなかったとの説もある。彼は北朝鮮にいるらしいが、その動静が伝えられることはまずない。

光海君の故実を調べていたら、「稀代の悪女」と評される金介屎《キム・ゲシ》という宮廷女官の名前が出てきた。この女官こそが宮廷内で策謀の限りを尽くし、光海君による一連の兄弟殺しも裏で操っていた人物らしく、クーデターの後に斬首されている。今の北朝鮮に現代版・金介屎がいるのかどうか興味深いところである。まさか同母妹の金与正ではあるまい。

16世紀末から17世紀初頭の朝鮮半島というのは、豊臣秀吉による朝鮮出兵で国土が荒廃していた上、半島北部では中国における明から清への王朝交代につながる戦乱も続発。これに儒学諸派の熾烈な派閥抗争も加わって実にドラマチックである。韓流時代劇にとって時代背景、登場人物のすべてが揃っており、映画『王になった男』の他、「宮廷女官キム尚宮」「王の女」「華政」など数々の人気TVドラマが作られている。果たして、金正恩の末路を描くTVドラマを見る日はいつ来るのだろうか。

20. インドの悲しき結婚事情

インドのインターネット上には「お見合いサイト」があふれている。一説には2600以上あると言われ、さらに増え続けているという。年間の結婚産業の売り上げは何と500億ドル（5・5兆円）に上る。しかし、その背景を探ると、インド特有の悲しき結婚事情が見えてくる。

インドでは自由恋愛による結婚は長らく禁忌とされ、良家の子女に限らず、今でも親が見つけてきたパートナーと見合い結婚するのが普通である。何となく封建的な風潮が今なお生きているように思われがちだが、結婚相手を選ぶのに宗教やカーストの制約を受けるインドでは、街中や職場で良き交際相手やパートナーを見つけるのが難しいという事情がある。カーストと言っても私たちが知っている4～5階級の身分制度ではなく、2000

近くに枝分かれした、近代以前の職能集団グループが形式的に身分化した「ジャーティ」の枠内で結婚相手を見つけるのが望ましいとされているので、事は容易ではない。

このため、昔は世話好きな親類縁者や友人・知人がツテを頼りに八方当たって結婚適齢期の男女を探し出し、お見合い・結婚に至るというのが一般的であったようだ。他方で、お互い身近にいる従兄妹・はとこ同士の結婚も稀ではない。しかし、インドでも核家族化が進むにつれ、徐々に新聞・雑誌の広告が「仲人役」を務めるようになる。私がインドに在勤していたひと昔前には新聞、特に日曜版の8~10ページが「花嫁求む」「花婿求む」の求婚欄で、まるで日本の求人広告欄（最近はあまり見なくなっているが）のようになっていた。縦1センチ、横4センチくらいの小さな欄に「背の高い高収入の男子、大学卒、ジャーティは何々」とか「色白の美人、碧眼にブロンド髪、ジャーティは何々」といったアピール文句が小さな活字でびっしり書き込まれている。これによって同じジャーティに属する好条件の相手を見つけるわけだが、今も事情はあまり変わっていないのではないか。

そう思っていたら、最近の某英字誌にインドのインターネット結婚事情に関する興味深い記事が掲載されていた。今や新聞・雑誌に代わって、ネットの「お見合いサイト」が爆発的に普及しているという。人口が13億人を超えるインドでは結婚適齢期の男女が4~5億人いて、婚活にこうしたサイトを利用する若者（及びその両親）が増えているというのだ。あるお見合い専門の大手ポータルサイトは2017年9月初めに上場したところ、第一次公募に7800万ドル、日本円で87億円以上の投資資金が集まったと報じられた。このサイトが人気を博している理由は、カースト別・宗教別に15の言語でウェブを運営する他、離婚経験者、身体障碍者、富裕層向けなど300近い個別サービスを提供し、まさにインド的ニーズに見事に対応していることにある。有名大学卒業者専門のサイトもあるというから驚きだ。

結婚適齢期のインド人（特にその親）は婿探しの場合は教育と所得レベル、嫁探しの場合は家柄や美醜だけでなく肌、髪や眼の色まで気にする傾向があるので、サイトの運営会社はコンピューターを駆使して何万、何十万という会員の中から顧客の要望に合った相手を検索しリスト・アップする。そして、相手が絞り込まれた段階で登場するのが、星占いによる運勢と相性の判断。これが結構難関で、最後の最後の段階で「悪運の持ち主」とか「相性悪し」となり、見合い不成立となることも少なくない。ソーシャル・ネットワークで候補者の身元調査や人物評価を行うサービスも繁盛しているというから、インド人の結婚は大変である。もちろん、ネット上で嘘八百のプロフィールを書き込み、詐欺まがいの行為をはたらく不逞の輩もいる。10～20万円近い金で理想の結婚相手を探してくれる仲介業者（ブローカー）も登場しているが、金だけ取られて泣きを見るケースもあるというから何とも恐ろしい世界である。

なお、インドでレイプ事件が後を絶たない背景には、男尊女卑の文化に加えて、以上に述べた特殊な結婚事情も絡んでいるようだ。レイプを含む女性に対する犯罪が全インドで年間約39万件、うちレイプが3万9000件（2016年）近く発生しているというのは異常である。親に金さえあれば、何とか結婚相手を見つけることは可能だが、貧困層にとってはそれもできない。自由恋愛も難しい中、やけくそになった結果がおぞましい事件を引き起こす遠因になっているとの見方だ。また、女性の側からすれば、結婚の際には日本とは逆に多額の結納金（持参金）を男性側に納めなければならないので、金のない親は娘を嫁がせることもままならない。割賦払いで結納金を納める事例もあるが、支払いを滞れば娘の命にかかわる。30年以上昔のことだが、私がニューデリーの日本大使館に在勤していた当時は、台所で花嫁の衣装（化学繊維のサリー）に火が付いて焼死する事件が頻発していた。実際のところは割賦払い金の不払い・遅延に不満を募らせた嫁ぎ先の家族（舅ら）によって火が付けられている場合でも、犯罪として立件されることなく「事故扱い」で処理される事例も少なくないと噂されていた。こうしたインドの特殊な結婚事情を知れば、「インドに生まれなくてよかった」と思う婚活中の日本人男女も多いのではないか。

21.「海外留学」の日中韓トライアングル

近年、日本に来る韓国人留学生は1万5000人くらいで、毎年わずかながら減少傾向にある。米国が彼らのお気に入りの留学先であることは変わらないが、最近韓国政府が公表した資料によれば、中国留学組が急速に増え、2016年11月時点ではついに米国を追い抜いて留学先第1位になったようである。留学生総数は22万3908人で、そのうち中国留学組が6万6672人、米国留学組が6万3710人というから確かに逆転している。第3位はオーストラリアで1万6251人、そして4番目が日本で1万5279人となっている。

これに対し、我が日本の海外留学状況はどうかというと、2016年度に関するJASSO統計（2017年12月発表）によれば、総数（協定・非協定の合計数）が9万6641人で、留学先は米国（2万159人）、オーストラリア（9472人）、カナダ（8875人）の上位3カ国に5位の英国（5827人）を加えただけで、英語圏が全体のほぼ半数（46％）を占めている。韓国への留学は6457人、中国へは5782人で、留学先としては4番目と6番目である。ただ、海外留学といっても留学期間が1カ月に満たない者が全体の62％を占め、1年を超える本格的な留学はわずか２４５６人（２・５％）に過ぎない。全体の男女比を見ると、２対３で女子学生の割合が高い。私が大学で教鞭をとっていた時の経験でも、女子学生の方が海外留学に積極的であるように見受けられた。

ここで、日韓の留学状況を人数で単純比較すると、米国への留学では韓国人学生が日本の３・２倍だが、中国への留学ではこの比が11・５倍になる。これが何を意味するかは明らかであろう。将来に向けた人的パイプの構築という観点から見れば、米国との関係はもとより、特に中国との関係で、韓国は日本よりはるかに強い人間関係の絆を持つ可能性が高いのである。

最後に、中国の海外留学事情をチェックしてみよう。最近、中国教育部が明らかにした数字によれば、２０１６年に新たに海外留学した中国人学生数は何と54万人（うち30％が米国、21％が英国）に上る。さらに、これを加えた「留学中」の学生の総数は１３６万人だというから、日本と比較するとケタが一つも二つも違う。この年に日本に来ていた中国人留学生は約10万人だが、全体から見れば７％ほどに過ぎない。海外から受け入れている留学生数でも２０１６年時点で中国の44万人に対し、日本は24万人（うち30％弱が語学学校生）で、しかも増加ペースは中国の方がはるかに速い。

私は、２０１５年夏に米国の大学で日本の政治経済事情・アジア情勢について講演をしたが、会場には多くの中国人学生、韓国人学生がいて、質問の多くも彼らから浴びせられた。昔の米国の大学は日本、その後インドからの留学生が多かったという印象があるが、2010年に中国人がインド人を抜き、2016年には全留学生の31％（留学生総数123万人の中の38万人）を中国人学生が占めたという。かつて10％を超えていた日本人留学生の割合は今や2％前後だというから、全く様変わりしてしまったのである。

もちろん、多くの学生が留学すればその国と留学先の国との関係が自動的に強化されるという単純な関係にはないものの、やはり、人間関係のベースで見れば、それだけ人的パイプが太くなることは確かであろう。このことによって、あと20～30年もすれば、アジアの国家関係も大きく変わる可能性がある。日本としても、中長期的視点に立って、海外への、そして海外からの留学生に対する奨学金予算を倍増するとか、個々の日本の大学において海外留学を奨励したり、留学生の受け入れ環境を劇的に改善するなどの開放策を一段と強化する必要があるのではないか。最近、企業が留学先で内外の人材をリクルートする動きが出てきているようだが、有能な人材を確保する目的だけでなく、日本人学生の海外留学に向けた新たな動機付けという副次効果もあり、これは大いに歓迎される。

私は、大昔、フランスの大学に2年間留学したが、若き日の印象は強烈であり、今でもフランスには特別の思いを持っている。「たかが留学、されど留学」である。

22. ベトナムで繁盛する盗聴ソフト販売
～妻の嫉妬が押し上げ?～

男女を問わず配偶者の異性関係に嫉妬する心は世界共通で、それはそれで微笑ましいような気もするが、ことベトナム人妻の場合だけは「恐怖」の領域に入るようだ。彼女たちが逆上すれば「阿部定事件」に発展することも稀ではない。私がベトナムに在勤していた当時（2008～10年）にも、「2時間以内なら接合可能」といった新聞記事を何回か見かけた。2018年には殺し屋を雇って浮気症の夫を殺させた妻が逮捕される事件があった。とにかく、男どもは謹厳実直な日々を送っていないと五体満足で生涯を終えることもままならない。恐ろしい国である。

2017年8月末、携帯電話などの通信機器に不正にアクセスし個人情報を盗み取るソフトウェアを販売していた男が、ベトナム南部ホーチミン市で逮捕・起訴された。このソフトウェアを活用すれば、携帯電話の発着信記録や着信メッセージなどのアカウント情報が簡単に入手できるらしい。このサービスに着目したのがベトナム人妻たちで、夫の行動を監視するために月額7000円ほどの利用料を支払っていたという。年間で契約すれば

4万円近く、賃金水準が低いベトナムでは月額の平均所得額並みであり、決して安くはない。逮捕された男はソフトウェア輸入代金の2倍以上のサービス料金を徴収して大もうけをしていたというから、着目点は悪くなかったと言うべきか。

携帯電話の普及はベトナムの男どもにとって功罪相半ばする。逢い引きする相手との連絡には便利だが、同時に妻から常に「どこで、何をしているか」の確認電話を受け続けなければならない。ハノイで私が個人的に雇っていた運転手の場合、走行中にも頻繁に携帯電話が鳴るので、不審に思って発信者を尋ねると、ほとんどの場合「女房からです」との返事だった。固定電話が普及する前に携帯電話が普及してしまったベトナムでは、職場での仕事上の連絡も携帯電話ですることが多いので、その通信記録が入手できればその人物の日々の動静はおおむね判明する。亭主の愛人関係に神経をとがらせるベトナム人妻たちからすれば、かつてのように高額な私立探偵を雇うことなく、より確実に夫の動きを察知できるとあれば盗聴サービスに飛びつくのも、むべなるかな、である。

ベトナムの女性が嫉妬深いことは世界的に（?）知られているが、彼女たちの名誉のために一言すれば、それには歴史的な事情が絡んでいる。ベトナムの歴史は内戦、外戦を含めてほぼ戦争続きの歴史であり、いつの時代にも年頃の男の多くが戦場に引き出され命を落とした。このため、壮年の男女比が大きく狂い、男1人に年頃の女が2～3人という割合になり、男が愛人を持つのは甲斐性というより「社会的要請」にすらなっていた時代が長く続いたのである。これを女性の側から見れば、「結婚できるのは幸運」というような状況だったわけで、一度つかまえた男を他の女に取られることに異常な警戒心を燃やすのは当然であったろう。

アオザイを着た若いベトナム女性は実に嫋《たお》やかであり、女性的魅力に満ちあふれている。外国人男性と結婚するベトナム女性が毎年10万人ほどいるそうだから、彼女たちの魅力は国際的な評価すら得ているのではないか。他方で、ベトナム人の民族的特徴の一つが「女性が強い」ことであり、戦争時には銃後を支えるだけでなく、戦場で勇名を馳せた女傑も少なくなかった。世の男性諸君はベトナム女性の「外見」に騙されてはならない。昨今、ベトナム人女性と結婚する日本人男性も増えており、ここ1～2年だけでも私の友人の何人かがそうした「運命」をたどっている。彼らの幸福を祈りたいが、その前にまずこれからの人生を無事生き抜いて欲しいと思わずにいられない。

23.「国王」という絶対的権威を喪失したタイ政治の不幸

タイでプミポン前国王が88歳の高齢で崩御したのは２０１６年10月だから、ワチラロンコン現国王（２０１８年現在66歳）が即位してはや2年になる。チャクリー王朝（１７８２～）の第10代国王・ラーマ10世になるが、国民に深く敬愛された前国王に比べ著しく評判が悪い。離婚歴3回で、現在もドイツの別荘に愛人（タイ航空の元客室乗務員）を囲い、しばしば同国に長期滞在している。奇行癖で知られ、スキャンダルは数知れない。１９８７年の訪日の際は愛人を同行させようとし、外交儀礼に反するとして日本政府がこれを拒否すると、滞在日程を3日も早めて帰国してしまった。１９９６年に橋本龍太郎総理（当時）が国際会議出席のためにタイを訪問した際には、日本政府への報復として、軍用機3機を滑走路に配置して総理特別機の空港着陸を妨害させたとの話も伝わっている。何ともあきれた国王である。

タイでは「国王個人の権威が制度としての王制を凌駕する」と言われるが、在位70年に及んだプミポン前国王時代には、国王自らがその権威をもって調停に乗り出し、内政の混乱を収拾するということが一再ならずあっただけに、これからのタイ政治には暗雲が立ち込めている。とにかくこの国には軍事クーデターが多い。1932年の立憲革命以来13回のクーデターが起こっており、2006年にはタクシン前々政権が、14年にはインラック前政権が軍部によって倒されている。この14年のクーデターの首謀者であった現在のプラユット将軍（陸軍司令官）による暫定政権が発足してはや4年が経過し、「暫定」とは名ばかりになっている。

プラユット首相

タイには実に興味深い最高裁判決がある。それは1951年の4回目のクーデターの翌年に出されたもので、「クーデターは権力掌握に成功すれば違憲ではない」という。当時のタイは民主主義下にはなかったとは言え、驚くべき判決である。

さて、プラユット軍事政権の今後であるが、クーデター直後に発出された「早期に民政復帰を果たす」との声明とは裏腹に未だに総選挙が実施されていない。「民政復帰のロードマップ」は何度も書き換えられ、「2017年12月に総選挙」という4度目の約束も簡単に反故にされている。次は「2019年2月」だというが、果たしてどうなるか。多くの専門家が予測するのは、「プラユット首相自身が続投を目論んでおり、そのために最も有利となるタイミングを計っている」というものである。暫定憲法を制定して議会構成を軍人優位に改め、政党の政治活動も大幅に制限しているのもそのためである。2018年4月には政府による「人気取り政策」を禁止する法律が成立しているが、これなどは意味不明である。今のタイはもはや「民主国家」とは言えない。

現在のタイ内政の混乱はタクシン・インラック時代の「政党支持層間の対立」に根差している。タクシン首相（2001〜06）とその実妹のインラック首相（2011〜14）はタイ北部の農民層を支持基盤とし、貧困撲滅の政策を最優先させた。これに対して、都市部のインテリ・国王支持者や軍人が反発し、両陣営の大規模デモが繰り返されてしばしば流血の衝突が発生した。タクシン氏は中華系の実業家で、通信事業などで巨万の富を築いたが、これがインテリ層の反発を招く一因になったと言われる。軍部の人事をめぐる確執もあったようだ。現在はインラック氏とともに国外亡命中で、その影響力にも陰りが見えるとされるが、総選挙となればタクシン派には連戦連勝してきた実績があるだけに、何が起こるか分からない。

タイ経済は2014年のクーデター後、外資の警戒感が強まり、ファンダメンタルズの悪化が見られたが、2018年はプラス4％のGDP成長が予想され、相変わらず失業率は低く（この年9月時点で1・0％）、経常収支も500億ドル以上の黒字が見込まれるなど持ち直している。ただ、最近では、米国トランプ政権の経済財政政策の影響で新興国の通貨に全面安の傾向が見られ、タイバーツ（1997~98年のアジア通貨危機を招いた元凶通貨）への影響も懸念されている。状況が悪化すれば、選挙に不利と見てプラユット首相はまたまた総選挙を先延ばしするかもしれない。とにかく、権威ある国王が不在とあっては、タイ政治は漂流するばかりである。

24. ベトナム工場から夜逃げする韓国人経営者

2018年2月、ベトナム東南部ドンナイ省にある韓国系の縫製工場で、労働者190人ほどが給与の不払いに抗議してストライキを起こした。ところが、肝心の韓国人経営者が他の韓国人役員11名とともに夜逃げしてしまったため、地元の労働連盟が省当局の承認を得て不払いの給与及び保険料など約1・5億円を立替払いしたという。当局側が民間企業の給与を立替払いするというのは前代未聞で、ベトナムで話題になった。

ベトナムでは、1月末というのは企業経営者にとって出費のかさむ時期である。従業員・労働者に支払う1月分の給与に加えて、テト（旧正月）を控えた年1回のボーナス支給が重なる。このため、経営不振の企業では賃金の支払いができず、ストライキが発生しやすい。たとえ何とか払えてもボーナス額が少なければ、これを不満とするストライキが発生する場合もある。

ベトナム全国でのストライキ発生件数は2008〜09年当時がピークで、年間2000件近く、2010年こそ400件ほどに低下したものの、翌11年には再び1000件に増加した。その後は沈静化の傾向にあったが、2018年には再び増加したようだ。こうしたストライキが発生するのは、従業員・労働者への労働条件が厳しい韓国系と台湾系の工場に多い。日系の企業でも時々発生するが、経営者が夜逃げするというケースは韓国系企業の場合がほとんどである。

日系企業の経営者は大半が現地駐在のサラリーマン社長で、日本にある本社の手前、夜逃げするというわけにはいかない。これに対し、韓国人の経営者の多くはオーナー社長であり、ベトナム進出の決定も早いが、撤退する時の決定も早い。ベトナムの法制度では外国企業の閉鎖・撤退に要する手続きが煩雑で時間も要するため、オーナー社長は「夜逃げ」という究極の選択をするのだと言われている。

ベトナムでストライキが発生する理由は給与・賞与の不払いや金額の多寡をめぐるトラブルが多いが、それ以外にもいろいろなケースがある。私が日系企業の社長から聞いた例では、「社員食堂の食事がまずい」という理由でストライキが発生したケースがあったという。ベトナム人がグルメであることを軽視すると痛い目にあう。また、台湾系企業のストライキでは「トイレカード」をめぐるトラブルが原因になっている。この工場では、トイレ休みが午後1～2時の間と決められており、この時間帯以外にトイレに行く場合は労働者100人当たり3枚配られている「トイレカード」を使用しなければならなかったという。ところが、当日に下痢症状を抱えた女性労働者が頻繁にトイレに行ったため、管理員にとうとうトイレ使用を阻止されたというのが発端だったらしい。また、年次休暇以外の有給休暇取得が「3日前までに申請」と規定されていたために、急病や親類縁者が急死した場合は休暇が取れず、これがトラブルの原因になった事例もある。

もう一つ、ベトナムでストライキが発生しやすい理由がある。それは、低賃金で働く若い労働者たちが生活費節約のために賃貸アパートの狭い1室に4人、6人といった多数で雑居していることである。彼らは、こうした生活環境に不満を持ちストレスを蓄積している中で、工場で不当な扱いを受ければ帰宅後に仲間と愚痴をこぼし合うことになり、それが拡散するスピードも速いのである。

ベトナムのストライキはウィルスで伝染する。日頃の不満・鬱憤を爆発させるウィルスである。韓国や台湾の大規模工場でストライキが発生すれば、ただちに日系企業にも波及する恐れがある。部品工場などでストライキが発生し生産が止まれば、納品先の大手企業に多大な迷惑（損害）をかける。このため、ベトナムに進出している外国企業の経営者は「ストライキ問題」に日々戦々恐々としているのである。

25.「マラウィの戦い」
～フィリピンにおける本格的なIS掃討作戦～

２０１７年の5～10月、フィリピン南部のミンダナオ島でフィリピン政府軍とＩＳ（イスラム国）所属のテロリスト集団との間で熾烈な戦いが展開された。世に「マラウィの戦い」と呼ばれている戦闘で、ＩＳ側に９７４名の死者が、また、政府軍側に１６５名の死者と１４００名超の負傷者が出た。これに巻き込まれた一般市民にも87名の犠牲者が出ている。５カ月間にわたる市街戦の末、フィリピン政府軍が勝利したものの、闘いの舞台となったマラウィ市街はほぼ完全に破壊され、住民20万人近くが住居を失い避難民化しているという。ＩＳとの闘いといえば、シリアとイラク北部で展開されている戦闘を思い浮かべるが、日本に近いフィリピンでもＩＳの拠点を掃討するための大掛かりな戦闘が行われていたのである。

フィリピンには600万人のイスラム教徒がおり、特にミンダナオ島のイスラム武装集団である「モロ・イスラム解放戦線（MILF）」や「モロ民族解放戦線（MNLF）」の存在は広く知られている。しかし、これらの集団はすでにフィリピン政府と自治拡大を柱とする和平合意を結んでおり、テロ集団とは明確に一線を画し、2018年の戦闘ではフィリピン政府軍に協力して一般市民の救出などに尽力している。他方で、2016年年初以来、インドネシアやマレーシアからISシンパの若者が越境流入し、2014年夏にIS支持方針を打ち出していたイスラム・ジハーディストの「アブー・サヤフ」やマフィアと同類の「マウテ・グループ」（米国は同グループの頭目であるイスニロン・ハピロンの捕縛に500万ドルの懸賞金を懸けていた）などがこれに合流・主導して、ミンダナオ島西部にはISの「東南アジア拠点」とも言うべき一大解放区ができ上がりつつあった。

しかし、2017年5月、これに鉄槌を食らわすべく断固たる決断を下したのがドゥテルテ大統領である。彼は、ミンダナオ島の最大都市ダバオの出身であり、市長時代から麻薬撲滅のために手荒な手段を辞さない強硬措置を講じていた。ドゥテルテ大統領は、5月23日、ミンダナオ全土に戒厳令を敷くとただちにフィリピン政府軍を大量投入し、IS支配地域への本格的な侵攻を開始している。戦闘開始後1カ月以内にマラウィ市域の90%以上が政府軍によって「解放」されたが、IS戦闘部隊の残党を完全に掃討するのにさらに

4カ月を費やしている。この間、フィリピン空軍によるIS支配拠点への空爆も行われたが、誤爆による自軍兵士の犠牲者も出ている。

この「マラウィの戦い」をめぐっては、米国と中国がフィリピン政府軍への支援合戦を展開した。特に中国はドゥテルテ大統領の要請に応えて大量の武器（5000万元相当）を提供した。一方、米国もオーストラリア軍とともに空からの偵察情報の提供などの「技術支援」を実施するだけでなく、武器や偵察機（総額2000万ドル相当）なども供与している。IS勢力の浸透を恐れる近隣諸国（インドネシア、マレーシア、シンガポール）も海上の偵察を強化するとともに、各種の軍事援助を行った。

2018年から、マラウィの街の復興計画が開始されている。この年1月30日にはドゥテルテ大統領臨席の下に現地で復興開始式典が行われた。復興支援をめぐっても、中国と米国の競争は続いており、EU、韓国、タイ、インドなども人道支援に加わっている。日本政府もマラウィ復興支援の方針を表明し、現地警察への警察車両26台の無償供与や、避難民への食糧支援などをすでに実施している。ただ、現地や国際的な報道は限られており、広報面でさらなる努力が必要と思われる。くれぐれも「too little, too late」にならないよう願いたい。

26. 中国批判論調を強める英誌『エコノミスト』

２０１８年２月、英誌『エコノミスト』の最新号が中国を厳しく批判する三つの記事を同時掲載した。前年末、同誌は「中国シャープパワー論」を展開してその威嚇的な世界世論工作活動に警鐘を鳴らしており（第１部11参照）、２月はそれに続く中国批判記事だが、その内容は一段と厳しいものになっている。最大の理由は習近平が憲法改正によって国家主席の任期規定を削除し、長期独裁化路線を鮮明にしたことにある。巻頭の論説が「先週末、中国は専制政治から独裁政治に移行した」との一文から書き起こされているのは象徴的である。

欧米知識人の間では長らく「中国経済が発展し中産階級層が厚くなれば、おのずから民主化が進む」と信じられてきた。民主的な諸制度なしには市場経済の発展はあり得ないし、生活が充足された人々は必ず自由と民主化を求め改革が進むはずだ、というのが彼らの想定であり楽観的見通しの根拠だった。しかし、実際の中国は予想を超えたスピードで経済が発展する一方で、政治はますます非民主化し、言論に対する抑圧も強化されている。こうした状況を目の当たりにして、英誌『エコノミスト』は「我々の楽観的見通しは完全に誤っていた」と懺悔し、「過去25年間にわたって西側が中国の将来に期待した賭けは失敗に終わった」と正直に認めている。

では、どうするか。同誌は「西側が中国による悪弊をしぶしぶではあってもいったん容認してしまえば、後になってそれらを問題視することはより危険になる」と主張し、「今やあらゆる面で対中政策を厳格なものにしなければならない」と言う。中国の公益団体（財団）と政府との関係に注意を払う一方、中国国営企業はもとよりハイテク技術にかかわる場合は、民間企業であっても安全保障の観点からその投資活動を厳しく吟味・精査する。市場へのアクセスには相互主義を求める。留学生の受け入れに当たっても同様の姿勢を貫く。中国通貨を流通させようとする場合は一層の透明性を求める。米国のトランプ政権はＴＰＰへの参加を含めて同盟国へのコミットメントを再確認するとともに、中国の軍事力に対抗するために新たな兵器システムの開発を急ぐ必要がある。

英誌『エコノミスト』の記事は「今や、中国への信頼は失墜し、普遍的価値を共有しようという望みもなくなった」との西側諸国の絶望的な気分に触れ、こうした状況に各国とも戸惑い、怯えているという。売り言葉に買い言葉で対応すれば報復の応酬になり、結局のところ全員が敗者になる。今回、中国が憲法改正によって国家主席の任期規定を削除したことは、これまで欧米諸国に見られた根拠のない対中楽観主義、甘い見方を根底から覆してしまったようだ。

ところで、この憲法改正をめぐっては不可解な点もあると英誌『エコノミスト』は指摘する。その第1は本件に関する共産党中央委員会の決定が2018年1月26日になされたとされるが、この日には中央委員会は開催されておらず、どう見てもその1週間前の会合での決定と思われるが、同会合の声明で発表された憲法改正案には国家主席の任期撤廃案は含まれていなかったこと（つまり、この1週間は、当該決定が対外的に極秘にされたと推察される）。第2は、2月25日の公表がまず新華社の英語版ニュースで流され、中国語による報道より早かったこと（これは新華社内における手順の過ちによるものらしく、幹部更迭に発展した）。第3は、国家主席の任期撤廃は超重要決定事項であったにもかかわらず国営メディアに解説記事がほとんど掲載されていないこと（エリート層の間にコンセンサスがないことを暗示している）。第4は、人民日報における憲法改正案に関する記事では国家主席の任期撤廃は単独ニュースとして特出しされておらず、第2面下に掲載された改正項目リストの末尾に、他の項目と一緒に目立たない形で記載されるにとどまっていたこと、である。

これらの指摘は、本件決定に習近平指導部がいかに神経質になっていたかを示している。習近平は今や巨大な権力を手中に収めつつあり、終身の国家主席となれば「皇帝即位」に等しい。昔、中国の歴代皇帝は「天命」を受けて就位したとされるが、この時の決定に「天命」はあったのか。15世紀の初めに明王朝の第三代皇帝となった永楽帝は直系の建文帝を攻め滅ぼして帝位を簒奪し、これに異を唱えた儒者・官僚ら1万人以上を虐殺したという。その反動が鄭和による歴史的な大航海である。今風に言えば「一帯一路」構想であろうか。やはり、歴史は繰り返されるのかもしれない。

27. ベトナム戦争時の大量虐殺を謝罪しない韓国

ベトナム戦争に参戦した韓国軍が、主に1966年から68年にかけてベトナム民間人多数を虐殺した事実はあまり知られていない。米国からの要請を受けてベトナムの戦場に派遣された韓国軍兵士は延べ32万人と言われ、主にベトナム中部において北ベトナム軍及びベトコン（南ベトナム解放民族戦線）と戦い、双方に5万人以上（うち4万人近くがベトナム兵）の死者を出したという。参戦した韓国軍兵士の中で後に大統領になった者に全斗煥や盧泰愚がいる。

韓国が大量の兵士をベトナムに派遣したのは「共産主義の脅威から自由主義社会を防衛

するため」だとされ、実際、朝鮮半島で北の共産主義政権に対峙していた韓国軍の兵士はベトナムの地でも「共産主義者は鬼」と信じて「まじめに」戦ったのである。当時、ベトナム兵の間で「韓国軍と戦うより米兵と戦った方がまし」と言われていたらしい。米軍は、爆弾は落とすものの地上での戦闘には及び腰。これに対して韓国軍は、徹底した地上戦に臨み相手軍をとことん殺りくした。民間人も容赦なく殺すのが韓国軍の戦い方だった。その残酷極まる虐殺ぶりは、今でもベトナム人（古老）の間で語り伝えられている。

しかし、韓国軍によるベトナム民間人に対する大量殺りくが世に知られるようになったのは、1990年代になってからである。ベトナム軍の内部調査資料に、同国中部の100カ所以上の村で主に老人・婦女子らの民間人合計5000~9000人が虐殺されたことが記録されていたという。この記録に驚愕したのがベトナム国家大学の博士課程に留学中だった韓国人学生で、韓国のハンギョレ新聞の通信員も務めていたことから報道されることになったようだ。

虐殺事件から50年が過ぎた2018年3月、韓国・ベトナム平和財団の一行41名がベトナム中部にある事件現場となった村を訪れ、慰霊碑に向かって土下座して謝罪している。この財団はキリスト教関係者や学者・研究者が中心になって1999年に設立された民間団体で、毎年ベトナムに訪問団を派遣しているらしい。2015年からは韓国内やベトナムに「ピエタ像」（慈悲の聖母子像）を寄贈・設置する活動も始めている。

この団体は、韓国政府に対して、ベトナム戦争中の民間人虐殺行為を公式に謝罪するよう求めており、併せて、地元への賠償・責任者の処罰・学校教科書への記載なども要求している。しかし、韓国退役軍人会はこれに猛反発しており、旧軍人の名誉を棄損するものだとしてハンギョレ新聞に抗議するとともに裁判に訴えている。韓国政府も虐殺の事実を完全に無視している。

私が知る限り、韓国政府がベトナム戦争への「参戦」についてベトナム政府向けに公式見解を明らかにしたのは、１９９８年に金大中大統領が訪越した折に「遺憾の意」を表明したのが唯一の事例である。２０１８年3月の文大統領のベトナム公式訪問時も含め、その後の首脳レベルの会談で韓国側から謝罪の言葉が出されたということはないのではないか。少なくとも私は寡聞にして知らない。２０１４年9月に開催された「韓国ベトナム参戦者会第50回記念式典」に映像メッセージを送った朴大統領（当時）もベトナム参戦軍人による国への貢献を賛美するだけで、ベトナムの人々に対する非人道的な行為に言及することはなかった。韓国軍人がベトナム戦争中にベトナム女性を強姦して生ませた子供など、いわゆるライダイハン（韓国混血、３０００人とも3万人とも言われる）の問題に至ってはほとんどタブーにすらなっている。

韓国は一部の民間人（特に宗教団体）のレベルでは、現地に病院を建てたり学校を建設したり、あるいはライダイハンの子供に奨学金を提供するといった支援活動を行っている。先述の平和財団の関係者は「政府が謝罪しないのは日本政府に謝罪を要求している立場と矛盾している」と指摘し、ベトナムに対して公式謝罪を行うべきだと主張している。しかし、こうした主張をしているのは韓国のごく限られた人々であり、韓国政府も民間人もベトナム戦争にかかわる史実を闇に葬り去ろうとしている。韓国社会は、他者に謝罪を要求することには熱心だが、自らが謝罪しなければならない時には「知らぬ存ぜぬ」を決め込むのが伝統らしい。

28. 技能実習生と留学生による難民認定申請は異常

2018年2月に法務省入国管理局が発表したプレス・リリースによれば、2017年における難民認定申請数（速報値）は、対前年比で80％増の1万9628件で、過去最高だったという。驚くべきは申請者数トップ3の国籍である。フィリピン人が最多で4895人、次いでベトナム人3116人、スリランカ人2226人となっている。国籍別で見たこれらの国々の申請件数の対前年比増加率は、それぞれ347%、291%、237%という異常な状況である。

もちろん、国際政治的に見て、これらの国において難民・避難民を大量発生させるような特別な事情があったわけではない。事実、全申請者のうち実際に難民認定を受けた者は20人、難民と認定されなかったものの人道的な配慮を理由に在留が認められた者は45人に過ぎない。この中には、上記トップ3の国からの申請者は当然ながら1人もいない。

なぜ、アジアの国々からの難民申請が増えているのか。その最大の理由は、在留期限の過ぎた技能実習生が、難民申請することによって日本で就労し続けようと企図する事例が著増していることである。彼らは、申請後6カ月が過ぎれば審査結果が出るまでの生活維持のためとの理由で就労が認められる。留学生の場合も同様の「偽装申請」が増えている。

しかし、考えてみるまでもなく、技能実習生あるいは留学生として日本で一定期間を過ごした者が、在留期間の満了を前ににわかに難民申請するのは理屈に合わない。法務省の説明によれば、これらの申請者の申請理由が、本国における友人・知人とのトラブルだったり、借金問題だったりするとのことであり、難民認定条約に規定される「難民」に明らかに該当しない者が多いという。

法務省もこうした状況に頭を抱えている。難民申請の審査に要する行政経費も馬鹿にならない。こうした事情を背景に、2018年1月、同省が発表した「運用の見直し」によれば、①案件内容の振り分け期間を設けて速やかに措置をとること、②難民認定の可能性の高い者には速やかに就労可能な在留資格を付与する一方、明らかにその可能性のない者には在留を許可しないこと、そして、③本来の在留資格に該当する活動を行わなくなった後に難民申請する者（すなわち元技能実習生、留学生など）には就労を許可せず、在留期間も3カ月に短縮すること、という諸方針が明確にされている。

特に、この③は重要であり、厳格に運用されれば難民申請者の数は大幅減になろう。現に、2018年上半期には難民認定申請の総数が約35％減少、ベトナム人に限れば63％も減少している。ただ、何としてでも就労し続けようとして失踪する者が一時的に増える可能性があるので、不法滞在者を雇用する側への注意喚起、悪質な雇用者への罰則強化も必要であろう。それと、もう一つ、難民申請書を代筆して荒稼ぎしている「代書屋」ともいうべき業者（行政書士）が存在するので、彼らに対する警告も有用である。難民認定を受けられなかった者に「不服申立書」を提出させるべく、さらに書類を用意して代書料を稼ぐような悪徳業者の存在も耳にする。もちろん、人道団体・NGOとは峻別が必要である。

最後に、難民申請者の出身国政府との関係も検討すべきであろう。明らかに難民申請の理由のない、フィリピンやベトナムなど東南アジアの国々の者が申請してくる場合は、当該政府に申請者の氏名を通報し、送り出し機関・業者に警告を発出してもらうことも有用である。技能実習生や留学生の中には日本の制度に無知な者が多く、彼らが「悪徳代書屋」に騙されているケースもあるからである。また、ベトナムなどからの若者は訪日前に多額の借金をし、その返済のために日本での就労継続を余儀なくされているケースも少なくないと聞く。出身国内での啓蒙が必要なゆえんである。

29. 国籍別で最多となった来日ベトナム人の犯罪

２０１８年6月末時点で我が国に在留するベトナム人は、技能実習生や留学生を中心に29万１４９４人、前年末比で11％も増えている。それ自体は悪いことではないが、私が残念に思うのは彼らによる犯罪も著増していることである。２０１８年3月に警察庁が発表した来日外国人犯罪統計によれば、前年1年間における来日ベトナム人の犯罪件数は５１４０件で、２０１６年比で62％増、ついに中国人を抜いて国籍別犯罪件数で第1位になっている。

ベトナム人の犯罪は、「重要犯」とされる事案は全体の１・７％と比較的少なく、窃盗や不法滞在が大半である。窃盗事案では相変わらず店舗での万引きが全体の40%と多いのだが、空き巣等による侵入盗も325件、このうち「重要犯」とされるものが前年比で2倍超の44件になるなど、大胆かつ組織的な手口も増えているという。

2017年に逮捕・書類送検されたベトナム人は2549人、うち刑法犯は57%に上り、その内訳を在留資格別に見ると留学生が41%で最も多く、次いで技能実習生が23%、定住者が6%になっている。日本には、同年末時点で7万人以上のベトナム人留学生が在留しているが、そのうち1000人超、約1・5%の者が摘発されていたことになる。これは驚くべき数字である。

なぜ、こうしたことになるのか。その最大の理由はベトナム人留学生の経済的困窮である。彼らの多くが本国において斡旋業者の手配を受けて日本に留学してきており、斡旋料及び学費の前払い金として100万円前後を支払っていると言われる。従って、来日後は借金の返済のためにアルバイトに精を出すことになる。厚生労働省の統計をもとに試算すればベトナム人留学生1人当たり平均で1・5件のアルバイトをしており、1週間に40時間近く働いている者も少なくないらしい。もちろん、留学生などの来日外国人が資格外活動として行うアルバイトには週28時間以内という制限があるが、複数の場所で働いていれば雇用者側は総労働時間数を把握できない。

ベトナム人留学生の留学目的を見ると「日本語の習得」のため日本語学校に通う者が増えており、今や全留学生の40％強がこうした留学生である。彼らは学部生や大学院生と違って単位取得への義務がなく、日本語学校での学習時間も拘束が少ない（半日だけ登校する事例が多い）ために、アルバイトに専念しやすい。しかし、バイト料は借金を返済するには十分ではなく、犯罪への誘惑に引き込まれやすい状況にあるのではないか。

他方、技能実習生は給与を受け取っている上に、監理団体や受け入れ団体の指導もあるのであえて犯罪に手を染めなくてもよさそうだが、給与には種々の名目の天引きがあり、手取り額では10万円以下というケースも見られる。しかも、彼らの職種の多くが日本の若者が働きたがらない「きつい」「きたない」系の仕事ということもあって、実習期間の途中で失踪してしまう者までいる。その行きつく先は「不法滞在」ということである。

２０１７年、首都圏で２０９件・総額１億７０００万円の空き巣を繰り返していたとして警視庁に摘発されたベトナム人窃盗グループは、12人全員が留学生や技能実習生だったという。彼らはＳＮＳでプロの窃盗団にリクルートされていた。もちろん、こうした深刻な事例は多くはなく、出来心から店先で万引きするといったケースが大半なのだが、事態を放置することは日本・ベトナム双方にとってよくない。

現在、両国政府のレベルで協議が行われ、さまざまな対策がとられつつある。責任の第一は犯罪に走る当人にあるが、送り出し側・受け入れ側双方にも事態改善に向けて打つべき手は多い。2018年9月に警察庁が発表したこの年1～8月の犯罪統計（未確定）では、前年同期に比べてベトナム人犯罪に若干の減少傾向が見られる。特に「重要犯」だけに限れば検挙人数は59人から38人にほぼ半減している。私としてははるばる日本まで来て、犯罪者として収監・退去強制されるベトナムの若者が1人でも少なくなることを願っている。

30．南アジアは深刻な女卑社会

2018年4月の財務次官のセクハラ辞任は、欧米のマスコミでも取り上げられた。「#Me Tooの波が日本にも押し寄せた」といった論調で書かれている。どうも、欧米人の目には日本は牢固とした男性優位社会と映っているようだ。「日本では企業や官庁におけるセクハラが日常的に発生している」との指摘には違和感があるし、「ではあなたたちの社会はどうなんだ」と言い返したくもなる。私は欧米諸国で10年以上生活した経験があるが、彼らにはキリスト教の陰の部分とも言える偽善者然としたところがあるように思えてならない。

セクハラについては日本も欧米諸国も「どっちもどっち」だと思うのだが、男女平等社会の実現、特に女性の社会進出という点では、確かに欧米諸国の方が日本よりだいぶ進んでいる。近年は日本でも働く女性の割合は増えているが、依然として種々の障壁があり、未だ十分とは言えない。家庭内における専業主婦の役割は重要だが、外に出て働きたいという女性にはそれなりの機会がきちんと与えられる社会を構築したい。管理職・役員への女性の昇進や、専門・技術職への選択の幅が狭い現状も改善が必要だろう。

この点で広くアジア諸国を見渡してみると、南アジアの男女不平等は相当に深刻である。同じ4月、米国のコンサルティング会社マッキンゼー・アンド・カンパニーのシンクタンク（ＭＧＩ）がこの問題に焦点を当てた調査報告を発表していたが、その書き出しは「アジア太平洋地域で男女平等が進めば２０２５年までにＧＤＰは4兆５０００億ドル増加する」との文章で始まっていた。それによると、ＧＤＰ増加の絶対額では中国（プラス２・６兆ドル）が、また、ＧＤＰの伸び率ではインド（プラス17・５％）が、それぞれ最大の受益国になるらしい。日本は絶対額でプラス３２５０億ドル、伸び率でプラス６・０％になると試算されている。すでに中国、タイ、ベトナムなどはＧＤＰへの女性の貢献が40％前後に達して世界平均を上回っているが、日本は30％そこそこ、南アジアの国々に至っては20％以下である。

さて、この調査報告では女性の就業率とともに母子保健や教育、支援環境、法的保護などいくつかの小項目にわたって国際比較が行われている。女性の就業率（職場進出）では、東南アジアは優等生、南アジアは劣等生で、東アジアはその中間というところである。確かに、東南アジアの男は働かないし、南アジアのご婦人方は家庭内に閉じこもっているとの印象があるので、調査結果に納得がいく。

私が特に問題だと思うのは、「身体的な安全性」という調査項目で、インド、パキスタン、バングラデシュといった南アジア諸国の状況が極端に悪いことである。この項目は、男女の出生比率、未成年（児童）婚、性暴力のそれぞれを比較調査したものだが、私自身のインド在勤時の経験でも、南アジア諸国はこれらすべての項目で劣悪な差別状況にあると断言できる。その背景にイスラム教やヒンズー教などの宗教的影響があると思われるが、それだけでは説明しきれない歴史・社会的因習が複雑に絡んでいるのではないか。

インドでは、２０１８年の初め、８歳女児の集団レイプ・殺害事件が発生し、社会的な大問題に発展した。政府も、市民からの圧力を受けて、「12歳以下の女児に対するレイプ犯は死刑にする」とのお触れを出したが、そもそもレイプ犯は捕まりにくいというお国柄なので、その効果を疑問視する声もある。カースト差別や人種・宗教差別も絡むために、インドではレイプ事件の99％が表ざたになっていないとの指摘もある。

南アジアは人口の多い地域である。世界の人口ランキングで見ると、13億人のインドを筆頭にトップ10に入る国が3カ国（パキスタン2億人、バングラデシュ1・6億人）ある。これらの国々はすべて貧しい。マッキンゼーの調査報告では男女平等が進むことでGDPが増加し、経済発展も得られると指摘されている。我が国もそうだが、南アジアの国々での男女平等社会実現に向けた大いなる進展を期待したい。

31．介護の現場を志すベトナムの若者たち

日本の介護施設における人材不足が言われて久しい。これから高齢化がますます進む中で、介護人材の不足は大きな社会問題になりつつある。厚生労働省も介護報酬の引き上げや介護経験者の職場復帰奨励などいろいろと知恵を絞っているようだが、人材確保に向けた有効な手立て、決め手は見えていない。

そうした中で注目されるのは、２０１７年の11月以降、技能実習制度において「介護」の職種が追加され、ＥＰＡ（経済連携協定）による介護人材の受け入れを補完する体制が

整ったことである。EPAの下では、インドネシア、フィリピン及びベトナムからの若者が看護・介護の研修を受けており、すでに国家試験に合格して病院や介護施設で働いている者もいるが、なにぶん絶対数が少ない。

ＥＰＡに比べると技能実習制度の場合は間口が格段に広い。２０１８年7月時点で日本に来ている技能実習生はベトナム人、中国人を中心に28万人を超えており、製造業、農業、建設業などの現場で技能実習生を見かけることは今や日常的な風景になっている。特に、ベトナム人の場合はここ5年間で8倍に増え、今や13万人を超えるところまで来ている。介護の分野でも２０１７年11月の「解禁」を受けて、ベトナム人材の獲得競争が熾烈になっている。

とは言え、日本の介護現場に外国人実習生を迎えるには乗り越えるべきハードルも高く、数年で急増というわけにはいかないだろう。介護教育・実務の経験や日本語習得などの受け入れ要件は厳しく、送り出し機関や日本の監理団体に関する認定要件も容易にはクリアできない。また、介護施設側も「安い労働力」という観点から技能実習生の採用を考えるとすればそれは見込み違いになる。日本語学習や実習へのサポートも考慮すれば負担はむしろ大きくなるかもしれない。２０１８年に入り、介護人材の絶対的不足に危機感を抱いた政府は、在留資格として新たに「介護」を創設するなどアジアからの若者を大量リクルートする方策を打ち出しているが、日本語習得や住居の確保を含めた支援策も充実しないと成功はおぼつかない。家族の帯同も認める方向で検討する必要がある。

2017年9月の初め、私は、ベトナムの大手送り出し機関の責任者と1時間ほど面談する機会があったが、実習候補生の全員が医療短期大学・専門学校の卒業生に限定されており、日本での受け入れ先が決まる前に3カ月、決まった後から実際に日本に向けて出発するまでにさらに7カ月の事前教育を受ける仕組みになっているとのことであった。介護の事前指導では日本人の介護士やEPAで訪日したベトナム人の1~2期生を指導者・教育係に採用しており、日本の介護現場の特殊性も学べるようなシステムが構築されている。興味深かったのは訪日前に「3K教育」を徹底させるとの話で、「きつい、きたない、危険」の3Kではなく、「感謝、感激、感動」の3Kで、「日本人の心を持って対応する」との教育方針を貫いていることである。私は、ベトナム在勤当時から、老人を敬う文化や手先が器用で忍耐強い国民性、そして日本人に似た宗教観を持っていることなどからベトナム人は日本での介護職に適性を有していると思っていたが、技能実習制度の下でこれが実現すれば嬉しい限りである。

総じてベトナム人は日本に憧れを有しており、親日度は極めて高い。2017年だけでベトナムは13万5000人の労働者を海外に派遣したが、その4割が日本に来ている。台湾が相変わらず派遣先の第1位だが、それは受け入れ条件が日本ほど厳しくなく、しかも最長で12年間（日本は最近3年から5年に延長された）在留可能であることが大きな誘因になっている。所得レベルも日本と台湾でほとんど差がない。ただ、最近では台湾の在留可能期間が長いことが逆に台湾への出稼ぎを躊躇させる一因になりつつあるようである。介護の分野で働く若いベトナム人女性の場合、滞在中に台湾人男性と結婚してベトナムに戻らないケースが増えており、ベトナム側の両親・家族がこれを嫌っているというのである。また、先日、台湾でベトナム人の若者（窃盗犯）が地元警察に射殺されるという事件が発生した（その後、ベトナム人出稼ぎ者による抗議デモが続発した）ように、生活環境にも問題がある。

もちろん、日本でもベトナム人の在留者（2018年6月末時点で約29万人超）が増える中で犯罪絡みの事案も頻繁に耳にするようになった。ベトナム人の小学生の少女が日本人の男に殺されたり、不法滞在のベトナム人青年が警察の職務質問中に逃亡してニュースになったりしている。私としては、ベトナムの若者が技能実習制度の下でしっかりと技能を習得し、数年後にはベトナムに帰国して、習得した技能をベトナムの発展のために大いに活かして欲しいと願うばかりである。

32. マレーシアの総選挙に見た究極のポピュリズム

大盤振る舞いというか、バラマキというか、2018年5月のマレーシア総選挙は、ポピュリズム政党と化した与野党が、互いへの怨念をぶつけあった選挙戦であった。勝ったのはマハティール元首相率いる野党連合である。マレーシアの選挙といえば、過去50年以上の間、選挙をやる前から与党の勝利が決まっていたようなものだったから、1957年の独立（63年に建国）以来初めての政権交代をもたらした今回の選挙結果は衝撃的だった。「民主主義の勝利」という論評もあるが、果たしてどうか。

マハティール首相

マハティール氏といえば、1981年から22年間もの長期にわたり、与党「統一マレー国民組織（UMNO）」の党首として首相を務めた人物であり、「ルック・イースト政策」によって親日政治家としても知られた。その元首相が、15年間の空白の後に、今度は野党連合のリーダーとしてかつて自分が率いた与党連合に選挙戦を挑んだこと自体が驚きだが、92歳という年齢を聞けば驚きはさらに募る。仮に、日本で、小泉元総理（76歳）が野党の党首になり、衆議院選挙で安倍総理率いる自民党に戦いを挑んだとしても今回のマレーシア選挙ほどは驚かない。それほどの衝撃である。

この時の選挙結果を受けてナジブ首相は辞任し、その後、汚職疑惑で訴追されている。ナジブ首相といえば、かつてはマハティール氏の子飼いの政治家と言われ、政権就任当初はその強い影響下にあった。しかし、大規模公共事業の取り進め方や対中外交をめぐって対立、マハティール氏は野党の党首になっていたアンワル元副首相に急接近した。アンワル氏は93年から5年間にわたってマハティール首相を支えたものの、アジア通貨危機後の財政政策をめぐる意見対立で罷免され、同性愛問題まで表ざたになって逮捕・投獄の憂き目にあっていた。しかし選挙後の5月16日に恩赦によって釈放され、10月に国会議員として復帰した。敵の敵は味方という仁義なき世界である。

私が驚くのは、選挙を通じ、与野党ともに選挙民受けするポピュリズム的公約を連発したことである。昔から、マレーシアの選挙では「金品が飛び交うのは当たり前」と言われてきたが、これは裏の世界であり、今回のように表の世界で金品が飛び交うような選挙公約を連発し合うのは見たことがない。与党が「25歳以下は所得税免除」と言えば、野党は「消費税廃止」「ガソリン補助金再開」と公約する節操のなさである。マレーシア経済は原油・ガスの輸出が支えとなっているが、さすがに公約が実践されれば財政赤字はさらに膨らむだろう。

もう一つ首をかしげざるを得ないことがある。それはブミプトラ政策（マレー人優先主義）にかかわる。人口3200万人のマレーシアは、その69％がマレー人だが、中国系が24％、インド系も7％を占める多民族国家である。政権与党は従来からブミプトラ政策を推進し、野党はその撤廃ないし緩和を主張してきた。マハティール氏は22年間の首相時代にブミプトラ政策を強力に推し進めてきた中心人物であったが、野党の勝利を受けて首相になった今どうするのか。「希望同盟（PH）」と呼ばれる野党連合の内実を見るとブミプトラ政策に対する考えは各党間でバラバラである。当面の間は、この問題には手を付けられないだろう。特に、マハティール氏は首相在任1～2年後にはアンワル氏に首相の座を譲ることを約束しているらしいので、なおのこと、この問題では不作為を決め込むのではないか。

マレーシアという国は、東南アジアではめずらしく欧米諸国と距離を置く国である。かつてはマハティール氏の「ルック・イースト政策」に見られたように大変な親日国であったが、今では中国を第1のパートナーと考える国民がＡＳＥＡＮ10カ国の中で最も多い81％（2017年11月のＩｐｓｏｓ世論調査）という大の親中国家になっている。2017

年2月の金正男氏暗殺事件発生以前は、北朝鮮人にビザなし渡航を認めていた世界で唯一の国だった。マレーシアは、1人当たりGDPが1万ドル近く、首都クアラルンプールは超高層ビルが林立する近代都市の様相を呈しているものの、その実態は今なお混とんとした発展途上国というイメージが拭えない国である。

33．巨大なカジノ都市と化したマカオ

２０１８年5月、12年ぶりにマカオを訪問した。すでに前回訪問した２００６年に、マカオは米国のラスベガスを抜いて世界一のカジノ集積地になったと言われていたが、まさか街全体（半島南部のタイパ島）がこれほどの巨大カジノ都市（大規模カジノが30以上ある）に変貌しているとまでは予想していなかった。まさに、「中国パワー」の物凄さを見せつけられた感じだった。

マカオが正式にポルトガルの植民地になったのは１８８７年だが、すでに４５０年以上前の16世紀中頃にはポルトガル人の居留地になっていた。中国に返還されたのは20世紀の末、１９９９年の12月である。その3年後にはカジノ開設に向けた動きが始まり、わずか

巨大カジノを擁するザ ヴェネチアン マカオ リゾートホテルの全景

同ホテル3階に再現されたヴェニスの街並み

4年ばかりでラスベガスを超える世界一のカジノ都市になった。その頃は、中国本土や香港の成金が大挙してマカオに殺到、フェリーは札束を抱え込んだおっさん達であふれかえり、彼らによるマネー・ロンダリングの噂も絶えなかった。街全体にいかがわしい雰囲気が漂っていたように記憶する。

この時、再度マカオを訪問して、状況はだいぶ変わったなと感じた。移動のフェリーにも家族連れの観光客が大勢乗り込んでおり、他のリゾート地に向かう場合とさして違わない様子である。世界一のカジノがあるザ ヴェネチアン マカオ リゾートホテル（2007年7月オープン）の3階は広大なフロア全体を使ってヴェニスの街が再現され、世界の一流ブランドの店舗が運河沿いに並んでいる。もちろん、運河にはゴンドラが浮かび、観光客が「ヴェニス巡り」を楽しんでいる。天井には青空が描かれ、街を散歩すればヴェニスに瞬間移動した錯覚に襲われる。ホテルの部屋数は2000を超えるそうで、チェックインしても自分の部屋にたどり着くのが大変だという。隣接するホテルの部屋数は3000だというから想像を絶する。

シティ・オブ・ドリームズという別の巨大リゾート施設には大きな劇場（半円形に並んだ階段状の客席は3000人を収容）が付設されており、「ハウス・オブ・ダンシング・ウォーター」という超一流のアクロバティックな水上ショーを鑑賞できる。すり鉢の底に広い舞台がしつらえられ、フロアでパフォーマンスが行われたかと思うと、一瞬にしてそこが海（プールだが）に変わる。50メートルはあるかと思われる天井からはサーカスもどきにパフォーマーが次々と急降下してきたり、海にダイブしたりする。席料は1万円以上するものの高額と感じさせない命がけのショーで、一見の価値はある。

マカオは中国の特別行政区で、パタカという独自の通貨を持ち、港で「入国手続」をとってから入域する。街の標識には中国（広東）語とポルトガル語が併記されている。年間の観光客数は2000万人を超え、カジノからの税収と合わせれば行政区の財政は十分以上に潤っている。そのため高校までの教育や医療が完全無償化されている他、55万人の区民には一定額の現金給付が行われ、格安の公共サービスを受けられる。同じ特別行政区でも香港とは全く異なる状況にあるようだ。

翻って、我が国の国会でも統合型リゾート（ＩＲ）開設の是非をめぐる議論が行われ、法案が可決されているが、議論を聞いている限り、どうもチマチマとしていていただけない。スケールが小さい。マカオを見て来た後だけに余計そう感じる。どうせやるなら世界をあっと言わせるような施設を造って欲しい。かつての安土城か大阪城を再現するくらいの巨大施設（基底部分にカジノとシアターを配置、上層部はホテル）に水掘（プール）をめぐらせ、城下町風の家並みで囲んだら面白い。ショッピング・アーケードは京都の町屋風に統一し、町はずれに五重塔ならぬ50層の「五十の塔」（高さ２００メートル超）を造ったらどうか。そのくらいの気概がないならＩＲなどやめた方がよい。数年前にマカオに日本のパチンコ屋が進出したが、すぐにつぶれたと聞く。どうも日本人の考えることは「いじましい」のである。

34．大規模な「反中デモ」に発展したベトナムの経済特区反対運動

２０１８年6月、ベトナム南部のホーチミン市など全国主要都市で大規模なデモが発生し、一部は暴動に発展するという社会主義国ベトナムでは異例の事態となった。きっかけは、99年にわたる土地リースを可能にする経済特区法案の国会審議。経済特区の目玉がカジノの建設で、外国投資企業に長期に及ぶ土地のリースを認めれば、中国に領土を割譲する結果になるのではないかとの懸念が生まれ、これが国民感情を刺激した。

経済特区の設置が予定されるのは、中国と国境を接する最北東部クアンニン省、南シナ海の要衝であるカムラン湾を擁する中部カインホア省、そしてベトナム最南端のタイランド湾に浮かぶリゾート地・フーコック島の3カ所。ベトナム政府によれば総額で7兆円を

超える投資が見込まれるという。カジノ開設となれば進出するのは間違いなく中国企業であり、これに99年間も土地をリースすれば国の領有権を著しく侵害するという疑念が生まれるのは当然である。つまり、経済特区法案反対デモの実態は「反中デモ」なのだ。

この時のホーチミン市でのデモには市民数千人が参加し、100人以上の身柄が拘束されたという。警察官にも負傷者が出ている。中南部のビントゥアン省では、デモ隊が省の庁舎周辺でレンガや火炎瓶で公用車や公的施設を破壊、警察も催涙ガスや放水で鎮圧を試みたと報じられている。社会主義国のベトナムではデモは原則的に禁止されており、時折発生する反中デモも参加者が100人を超えることはめったにない。今回のデモはベトナム的には「非常事態」と言ってもいい。

事態を重く見たベトナム政府は特区法案から「99年リース」の文言を削除する方針を示し、さらに国内の意見聴取が必要として、国会での法案審議も2019年以降に先延ばしした。国民感情への配慮は結構だが、他方で、公安当局によるデモ主導者への追及は過酷を極めている。デモ発生から1カ月後の時点ですでに310人に任意同行を求め、そのうち7人が刑事犯として逮捕され、175人が行政上の処分を受けたと伝えられている。最終的には1000人以上の逮捕者が出たようだ。

実は、ベトナムにはすでにカジノは存在する。中でも、中部ダナン市の郊外にある中国資本のカジノは大規模で、施設は宮殿のような外観を呈する。カジノ客は中国人に限定され、市の一角は中国人街になっている。中国からダナン国際空港には毎日直行便が飛び、大量の中国人観光客が降り立つ。海岸沿いの高級マンションは中国人に買い占められているとの噂もある。こうした状況に反感を持つ地元民は少なくない。

もともとベトナム人には、歴史的な経緯もあって、反中感情が根強い。そのため、従来、中国からの対ベトナム直接投資は極めて限定的であったが、近年はこれが著増傾向にある。２０１７年における投資額は21・7億ドルで国別の4位まで上昇している。中国からの旅行者も同年に４０１万人（対前年比48％増）の過去最高を記録し、国別人数でダントツの1位である。２０１８年は５１０万人（対前年比30％増）と見込まれている。ここまで中国の存在が目立つようになると摩擦も起きやすいであろう。

昨今、ベトナム政府の対中姿勢にはブレが見える。政治家の中にも親中派と嫌中派がいる。今回の「99年リース法案」をめぐる騒擾もそうした国内政治状況と無縁ではないかもしれない。

35. ワールドカップ・サッカー賭博で揺れたベトナム

２０１８年6～7月、ベトナムがワールドカップ・サッカーをめぐって揺れに揺れた。ベトナムのサッカー熱は相当なものだが、もちろん、自国の代表チームがロシアで戦っていたわけではないので、騒ぎの原因は別のところにあった。賭博である。

この年に入って、ベトナムでのカラーＴＶの売れ行きが前年比で30～40％増というすさまじい勢いを示していたが、その背景にはワールドカップ・サッカーをＴＶ観戦しようという需要があると言われていた。観戦するだけなら結構なことだが、そこは賭け事好きのベトナム人、何人か集まれば「賭場開帳」となる。まあ、小銭を賭けている分にはご愛敬だが、インターネットを使った大規模賭博となると公安当局がだまっていない。当然のように違法賭博の容疑で大勢が逮捕された。大金をすった者の中には自殺未遂者も出たというから、事は穏やかではない。

もともと、ベトナムでは少額賭博であれば当局の許可を得て開業することが可能である。２０１７年3月に公布された政令によれば、1回当たりの賭け金が1万ドン（約50円）、1日の総額が１００万ドン（約５０００円）までならＯＫということのようだ。ただ、今回逮捕された者の中には日本円で億円単位の賭場を開いていたケースがあったらしい。4年前のワールドカップの際にはインターネットサイトで総額70億円を超える賭博を行ったとして開帳責任者が逮捕されているから、今回は今のところスケールは小さい。逮捕者も前回は全国で660件、3800人近くに上ったらしい。

ただ、少額賭博の場合でもその影響は大きい。この時のワールドカップのように番狂わせが相次ぐと、損失金は数万円になり、払えない者は質屋に物を持ち込んで現金を入手しようとする。最も多いのが携帯電話の質入れで、質屋には携帯電話があふれかえったらしい。ベトナム人は高級な機種を持っている者が多いので、質入れすれば数万円の現金は入手できる。もちろん、彼らにとって携帯電話は必需品なので、次の賭けでは確実に勝てそうなチームに賭け、その日のうちに機器を回収しなければならない。その「確実に勝てそうなチーム」が世界ランク1位で、前回の覇者であるドイツということになると、大変な悲劇が待ち受ける。グループFでドイツはスウェーデンに勝ったものの、メキシコ、韓国に敗れて、何と予選敗退してしまったのである。

南部ホーチミン市では大負けをした33歳と47歳の男2人が、ネズミ駆除剤を飲んで自殺を試みたという。病院に緊急搬送されたために一命をとりとめたらしいが、騒ぎは大きくなった。2人の中の1人、33歳の男は荷車の運転手なのに140万円ほどの損失を出していたという。ベトナム人労働者の平均所得は日本人の10分の1くらいだから、損金額の大きさは異常である。また、固定電話が十分に普及していないベトナムでは、家族間の連絡（特に妻から夫へ）は間違いなく携帯電話で行うので、これを質入れしてしまえば「家庭争議」が起こることも必定である。刃傷沙汰に及ぶ可能性もある。事実、質入れした携帯電話の70％が回収されなかったというから、ドイツ敗北の責任は実に重い。

36. 宋王朝滅亡の歴史から学ぶ中国の対米強硬策

米中貿易戦争が抜き差しならない状況に立ち至りつつある。安全保障をめぐる南シナ海や台湾海峡での米中角逐からも目が離せない。トランプ政権が中国に圧力を加える時、中国人が見せる硬軟両様の反応は外交的に慎重に分析される必要がある。習近平指導部は明らかに過去の歴史から多くを学んでおり、中国人民の感情も歴史を鏡として表出する。

中国には大国に圧力を加えられ、これへの対応を誤ったために王朝が滅びた歴史がある。９００年前に北方に勃興した女真族の金に滅ぼされた宋王朝の悲劇である。漢民族の宋王朝は文治主義の国であり、文官優位で武人が冷遇された。脅威を増す異民族には金品を贈り、戦いを忌避した。宋王朝は江南の開発が進んだことで財政が豊かであり、文化も栄えた。『水滸伝』を読むまでもなく、官僚・宦官の汚職腐敗も極まった時代で、これを徹底して取り締まった名裁判官・包拯《ほうじょう》（日本でいえば大岡越前か）は今でも中国では「清官」の鑑と讃えられている。

当時、宋の北には契丹族の遼という国があり、燕雲十六州と呼ばれた北東部一帯を占有していた。この奪還が宋王朝の悲願とされたが、実際のところは、奪還はおろか巨額の金品を代価に南下を防ぐのが精いっぱいであった。そこで、知恵者が皇帝に進言したのは「夷を以って夷を制する」策で、遼のさらに北に台頭しつつあった女真族を焚き付けて北から遼を牽制しようとした。ところが、この女真族の中に完顔阿骨打という英雄が現れ、金という統一国家を創って遼を滅ぼし、却って宋王朝の一大脅威になってしまったのである。

金からの強力な圧力を受けて宋王朝は狼狽した。都の開封にまで迫る勢いの金軍を前に文官・宦官らによる講和派と、理想主義に執着する一部文官と気骨のある軍人（軍閥）による主戦派が対立した。金軍が都に迫れば講和派が勢いを増し、盟約（宋にとって屈辱的なものだが）を結んで金軍が撤退すれば主戦派が巻き返すという迷走の繰り返し。ついに金軍の怒りが爆発して、前・現皇帝を含む皇族のほぼ全員が捕虜になって北方に連れ去られるという屈辱（靖康《せいこう》の変、1127年）を味わい、宋王朝は滅亡した。

問題はこの後である。遥か南方・臨安（現在の杭州）の地に逃れて南宋という新王朝が生まれたものの、依然として金の圧力は続き、講和派と主戦派の対立は解消されない。そうした中で、失地回復のために奮戦する英雄・岳飛が登場する。岳飛は農家の出身だが武人としての才能を開花させ、金軍に連戦連勝するという大功を打ち立てた。彼は、読書人であると同時に優れた書家でもあり、人望も厚かったという。「精忠愛国の士」と評された岳飛は中国史において間違いなく5本の指に入る英雄であり、今でも中国の人々の間で絶大な人気を誇る。

岳飛

これに対して、講和派の代表が宰相の地位まで上り詰めた秦檜《しんかい》であり、皇帝を取り込んで岳飛の失脚を計り、謀反の嫌疑までかけて息子・岳雲ともども処刑してしまった。秦檜からすれば、岳飛は勝ち過ぎて講和を危うくする人物と見えた。その後、秦檜は1142

杭州岳王廟にある秦檜夫妻の像(右が秦檜)

年に金との講和を実現し、結果として1276年まで南宋の命脈を保つことに寄与したが、中国史においては極悪人、売国奴の代表とされてしまった。杭州にある岳王廟には秦檜夫婦が捕縛された像（写真参照）があり、かつては訪れる者がこれに唾を吐きかける習慣があったという。

私がくどくどと岳飛・秦檜の故事を語るのは、中国人の心に「大国の圧力に屈するのは悪」であり、「これに敢然と戦いを挑むのは愛国」という歴史認識を生んでいるのではないかと思うからである。米国から圧力を受ければ受けるほど中国の人々は岳飛待望論に向かい、強気で対抗する指導者を礼賛する。岳飛は日本における楠木正成を遥かに超えた存在である。

しかし、冷静に考えれば、岳飛が金軍との個々の戦闘に勝ち続けたとしても彼我の国力の差からすれば金軍を撃退するには至らず、南宋は誕生早々に滅亡する結果を招いたのではないか。だとすれば大国・金との和議をもたらした秦檜こそ救国の士であり、現在の米中激突の構図の中で待望されるべき人物だと思うのだが、さて習近平は岳飛になるのか秦檜になるのか。ここが中国の将来にとって一つの分かれ道になるかもしれない。

37. 朴前大統領に対する有罪判決は朝鮮党派抗争史の一部

2018年7月、ソウル中央地裁で朴槿恵《パク・クネ》前大統領への有罪判決が下された。国庫損失罪で懲役6年、公職選挙法違反で懲役2年だという。この年4月にはサムスンからの収賄の罪で懲役24年の判決が出ているから、この時の判決で懲役は合計32年になった。彼女は66歳だから98歳まで懲役の刑に服する計算になる。

韓国の歴代大統領の末路はことごとく悲惨である。暗殺や自殺、亡命から死刑判決までズラリと雁首が並んでおり、懲役17年の盧泰愚《ノ・テウ》大統領（1988～93年）などは「幸運な部類」に入る。朴大統領の前任の李明博《イ・ミョンバク》大統領についても現在刑事訴追手続が進められている。現在の文在寅《ムン・ジェイン》大統領は今のところクリーンなイメージを売りにしているが、果たしてどうなるか。韓国の新大統領は必ず前任者の悪口を言い、不正を暴くことで世論の喝采を浴びようとする。5年の任期を全うしても余生は安泰ではない。

朝鮮王朝500年の歴史を振り返ると、ほとんど「党派抗争史」と言っても過言ではないほど、どの時代も各種の派閥が離合集散して凄惨な争いを繰り返していることに驚く。特に、16世紀の後半、いわゆる「士林派政権」の時代には、些細なことで有力者が反目した上に各派閥が内部で強硬派と穏健派に分裂、そして強硬派内で「強硬」の程度をめぐって再分裂、再々分裂を繰り返すというあきれた有り様である。17世紀半ばに起こった「礼訟」（礼論をめぐる論争）での老論派と少論派の対立などは武力闘争に発展している。儒教の解釈をめぐる対立は何度か発生しており、各党派が重箱の隅をつつきながら再分裂を繰り返している。韓流ドラマを見るまでもなく、抗争劇は血なまぐささを極め、暗殺・クーデター・一族抹殺に発展する。国王の廃位・擁立も日常茶飯事である。

中国の歴史でも似たような党派抗争はしばしば発生しているが、その頻度と陰惨さにおいて朝鮮史が圧勝している。中国人の党派抗争は国政上の重要課題をめぐって発生し、公然と、激しく展開する。対立派閥をつぶす手段も乱暴である。これに対して、朝鮮人の場合は対立原因が儒教上の解釈や儀礼様式などの些細な問題を端緒とすることが多く、空理空論を極める。抗争手段も不正のねつ造など「陰湿」である。これに比べると日本史に見る党派抗争などは「単純、さっぱり」という感じであり、頻度もずっと少ないようだ。多くの場合、妥協も成立する。

私は本書の第1部4で「朝鮮民族のツングース的特徴」を論じたが、議論が観念論的であり、激情に走って妥協を峻拒するところにこの民族の特徴があるようだ。ことは政権内の争いにとどまらず、民衆の反応にも激烈な感情の暴発（一種の集団ヒステリー）が見られる。これが、朝鮮史を通じて民衆反乱・暴動の頻発として表れている。朝鮮民族が一つの観念（思い込み）に執着する時、その是非を問わず、これを変えることはほぼ不可能である。先般の朴槿恵大統領に対する辞任要求デモの韓国内での盛り上がりぶりからも、いったん「悪者」と観念されたらそれが最後であり、謝罪などは聞き入れずとことん突き進んでしまう国民性が看て取れる。

冒頭に述べた朴槿恵裁判はテレビで生中継されたという。韓国の司法が政治に左右されやすいことは周知の通りだが、実態は、政治というより民衆の「観念」という不可視のものによる呪縛なのではないか。韓国メディアにも同じ傾向がある。歴代大統領の末路がことごとく悲惨であるのは、後任の大統領が世論の支持を得るために前任者の悪事をことさらに誇張し、民衆の怒りを意図的に誘発するからだろう。「やっぱりそうだったのか」という大衆の「観念」＝怒りに訴える手法である。しかし、有罪大統領も、後年に特赦、恩赦で減刑・放免されるから始末に負えない。

朴槿恵前大統領

現在の北朝鮮の核・ミサイル問題をめぐる混迷も、上述したような朝鮮民族の特徴を理解しない限り対処が難しいのではないか。そう言えば、朝鮮王朝の創始者である李成桂の出身地は咸鏡道である。現在の北朝鮮の最北部、中国との国境に近い山岳部の生まれのようだ。朝鮮王朝史に見る党派抗争の権謀術数と隣接大国を手玉に取ってきた詐術は、今の北朝鮮にも脈々と受け継がれているのであろう。

38. カーン新政権誕生でも変わらないパキスタンの「暗黒政治」

２０１８年8月、パキスタンにおいて、総選挙で大勝した新興政党ＰＴＩ（パキスタン正義運動）の党首イムラン・カーンを首相とする新政権が誕生した。この国でも既成政党が国民から嫌忌され、ポピュリズムの波が押し寄せた。カーン氏は国際的には無名だが、パキスタンでは国民的スポーツであるクリケットのかつてのスーパースターであり、国内的な知名度は抜群である。日本でいえば仮にプロ野球の長嶋茂雄が健在で、新党を立ち上げて数年後に首相になったと思えば「当たらずとも遠からず」であろうか。

いつものことながら、パキスタンの政治には救いようのない暗黒さを感じる。元大統領・首相の死刑・暗殺、繰り返される軍事クーデターと民主政治に逆行することばかりが続発する。2014年に人権活動家の17歳の少女、マララ・ユサフザイさんがノーベル平和賞を受賞したが、これは国民不在のパキスタン政治に対する痛烈な皮肉としか言いようがない。

戦後、インドと分裂して独立を達成して以来、パキスタンには民主政治が定着することがなかった。私が外務省に入省した1973年に首相になったアリー・ブットー氏は4年後にジア・ウル・ハック将軍（後の大統領）のクーデターに遭って失脚、その後2年もたたずに死刑に処せられた。その娘であるベナジール・ブットー首相は2期在職した後の2007年に暗殺されている。ブットー父娘はパキスタン人民党（PPP）を率いたが、これに対抗して1990年代以降に政治の実権を握ったのがパキスタン・ムスリム連盟（PML-N）のナワーズ・シャリフ首相である。同人は断続的に3期首相を務めたが、一度はムシャラフ将軍（後の首相・大統領）のクーデター（1999年）によって辞任を余儀なくされたことがある。

イムラン・カーン首相

ナワーズ・シャリフ首相が3期目を務めたのが2013

～17年だが、汚職疑惑が発覚してロンドンに事実上の亡命と相成った。その後、軍部主導の欠席裁判が行われ、10年の禁固判決が出されたが、同人は、総選挙の直前に帰国し即刻逮捕されている（但し、翌9月に、イスラマバード高裁が釈放命令を出している）。かつて自らが率いたパキスタン・ムスリム連盟は有利に選挙戦を進めていたものの、軍諜報部の介入による大量切り崩し（？）にあい、イムラン・カーン率いるPTIによる大勝を許す結果となった。

この時の総選挙はテロの多発によって「血塗られた選挙」になった。200人以上の有権者が犠牲となり、立候補者の中からも何人かの死者が出ている。7月13日にバロチスタン州の選挙集会場で起こったISシンパによるテロ事件では一度に149名が亡くなっている。軍部は投票所の安全確保のために37万人の軍人を動員したようだが、これは選挙民に対する威嚇の意味もあったと見る専門家もいる。国際的な選挙監視団の活動も大幅に制限されたらしい。カーン新首相の背後には軍部がいると見られるゆえんである。2006年、パキスタン人民党とパキスタン・ムスリム連盟という二大政党の間で合意・採択された「民主主義憲章」は政治から軍部の影響を排除すべきことを謳ったが、両党とも今回の選挙で大敗したのは皮肉の極みである。

パキスタン経済の現下の状況は厳しい。失業率は高く、国家財政・経常収支も大幅赤字である。対外的にはインドとの対立は解消せず、アフガニスタンからもイスラム過激派が浸透し続けている。かつては米国がパキスタンの後ろ盾となってきたが、トランプ政権になって両国関係は急速に悪化している。2018年9月初めには米国国防総省が、パキスタンのテロ対策が不十分として安全保障関連の支援金3億ドルの打ち切りを決めたと報じられた。これに代わって、昨今は中国のパキスタンに対する影響力が増大している。中国の「一帯一路構想」の要の一つがパキスタンである。カーン政権の諸政策は未知数だが、軍部の存在を考えると多くは期待できそうもない。パキスタンが「暗黒政治」から脱却するのは難しい。

39. いずれ軌道修正を迫られる「一帯一路構想」という中国の野望

2018年4月にドイツ紙が報じたところによると、北京に駐在するEU27カ国（ハンガリーを除く）の大使が中国政府に連名の書簡を送り、一帯一路構想（BRI）の取り進め方に注文を付けたという。その注文内容は「BRIの推進に当たっては、透明性、労働基準、債務の持続可能性（サステナビリティ）、オープンな調達手続、環境保護の諸原則を中核とすべし」というものだったらしい。さすがに「国家主権・人権の尊重」の文言まで入れることは控えたようだが、まあ、中国政府への注文としては妥当な内容だろう。

確かに、最近EU各国は、中国による巨大・巨額のインフラ事業の世界的展開による影響力の拡大に懸念を強め始めている。2018年1月に北京を訪問したマクロン仏大統領はBRIについて「この帯と路が通過する国々を属国化し、覇権を確立する新たな手段であってはならない。過去のシルクロードは中国の専有物ではなかったし、一方通行でもなかった」と警告を発している。2016年に中国の海運会社COSCOがギリシャのピレウス港について、また、翌2017年に債務返済不能に陥ったスリランカ政府からハンバントタ港について、それぞれの長期運営権を取得した中国の行為は、安全保障上の問題も絡んで欧米諸国の懸念を呼び起こした。

中国からすれば、これらの行為はすべて関係各国との合意の下で実施されたものであり、BRIにかかわるすべてのプロジェクトも資金ニーズのあるところに商業ベースの借款を貸与した結果であるので、第三国から文句を言われる筋合いはない、という考えだろう。他方、プロジェクトの実施国側にも国内の政治・経済運営や人権状況に条件を付けられることなく大金を借りられるのは中国の資金のみであり、かつ、中国との関係強化はインドやロシアを牽制する意味で悪い選択肢ではない、と思っている節がある。

ＥＵ諸国は、２０１４年、中国主導のアジアインフラ投資銀行（ＡＩＩＢ）設立に大挙して参加した。この銀行が融資するインフラ整備事業に自国業者が参画することで、そのおこぼれに預かりたいとの思惑が見え見えだった。ところが、実際には、プロジェクトの90％近くが中国の業者によって落札され、「おこぼれ」は期待したほどではないと判ると失望が広がる。むしろ欧州企業は「排除されている」のが実態だろう。ＡＩＩＢは目下のところ国際開発金融機関というよりは中国の専有機関としての性格がむき出しであり、世界銀行やアジア開発銀行が積極的にかかわらない限りこうした状況を変えるのは難しいのではないか。

しかし、風向きの変化もある。ネパールやミャンマー、直近ではマレーシアにおいてＢＲＩプロジェクトを中止、ないし見直す動きが出ている。２０１８年9月にはインド洋に浮かぶ島国・モルディブの大統領選挙で、親中派の現職が親インド派の野党候補に敗北した。パキスタンやラオス、ジブチ、タジキスタン、キルギスタン、モンテネグロといった国々においても、中国からの多額の商業借款によって国の債務残高が著増していることへの懸念の声が出始めている。また、スリランカの例のように、政治指導者が中国からの借款を利用して自分の地元に不要不急の空港やスポーツ施設などを造り、選挙を有利に運ぼうとする「政治案件」が多くなっていることへの不満もある。

かつて気候変動問題が国際的な重要関心事になり始めた時、中国政府は、地球温暖化は産業革命以来先進国が引き起こしてきた問題であり、温暖化ガスの排出削減義務は専ら先進国が負うべきだと強く主張していた。特に、２０１０年、京都議定書（先進国だけが排出削減義務を負う合意）の延長問題が議論されたＣＯＰ16では、「中国を含む主要排出国のすべてが参加する新しい枠組みを創らない限り実効性のある地球温暖化防止は不可能」と主張する日本を口汚く、かつ執拗に非難した。ところが、今では、その当時のことをすっかり忘れ、温暖化防止に向けた国際努力のけん引役もどきに振る舞っている。

ＢＲＩやＡＩＩＢについても中国はいずれ世界の失望を買い、反発にも遭って、軌道修正を迫られる時が来る。中国からすれば、19世紀後半に中国大陸を食い物にし、その利権を強奪した欧米諸国に今さらとやかく言われたくない、というのが本音かもしれないが、地球温暖化問題の事例のように、いつの間にか自己主張を引っ込めて「良い子」を演じなければならない時が来るのではないか。

40. 平昌冬季五輪後の不法残留外国人に頭を抱える韓国

２０１８年６月、韓国法務省が明らかにしたところによると、平昌冬季五輪の際に入国した外国人約35万人のうち、同五輪後に出国せず韓国に不法残留している者の数が１万人を超えるという。韓国政府は同年２月に開催された冬季五輪への外国人客呼び込みのため90日間のビザなし渡航を認める特例措置をとったが、３カ月たっても出国が確認されない者が30人に１人以上の割合、つまり総数で１万１５３５人に上っているらしい。このため、韓国国会関係者から治安悪化などの事態を懸念する声があがっている。

近年、韓国における不法残留外国人の数は著増傾向にある。韓国法務省の統計によるとこうした外国人の数は２０１６年７月時点で21万人を超え、雇用への悪影響や治安悪化を懸念する国民の不満も高まっている。某韓国紙が２０１８年８月初めに報じたところによれば、外国人に対する入国審査の厳格化を求める請願書に２カ月間で71万人の署名が集まったという。特に、20～30歳代の若い女性の間に治安悪化を懸念する声が強まっているようなので、最近のレイプ事件の多発と心理的関係があるのかもしれない。

そもそも、韓国に在住する外国人の比率は高く、２０１６年６月の統計で国民人口５１

25万人の3・9％に上る。日本は2・0％だから、実に2倍近い。2021年には外国人は300万人超、人口の5・8％に達するとの予測もある。韓国統計局が「住民登録している在住外国人状況」なる統計を毎年発表しているが、それによると2017年1月時点の外国人総数は116万人にとどまるので、不法残留者を含む「住民登録していない外国人在住者」が現状でほぼ同数いることになる。

ここで、「住民登録している在住外国人」の国籍について日韓両国の比較をするとお互いに似たような傾向が見られるが、顕著な相違点もいくつかある。その第1が、日本に在留する韓国人と韓国に在住する日本人の数の違いである。前者は、歴史的事情もあって2017年末時点で40万人の多数に上るが、後者は2万3000人に過ぎない。しかも、韓国在住日本人の実に70％が女性であり、日本国籍を保持したまま韓国人男性と結婚している人が多いということだろう。

2番目の違いは、韓国側統計には「朝鮮系中国人」という分類があって、この数が全外国人の30％以上・約33万人を占めていることである。彼らの在留資格は多岐にわたるが、最も多いのは「労働」である。中国東北部には朝鮮民族が多く住んでおり、経済発展著しい韓国に労働力を提供し続けているのである。もっとも、日本にも「日系人」という在留資格（統計上は永住者・定住者に分類）があってブラジル人19万人やペルー人4万800

0人の大半がこれに該当し、同じように労働力を提供している事情がある。

ベトナム人が増加している事情は日韓ともに共通しているが、具体的状況はやや趣を異にする。ベトナム人技能実習生（研修生）は韓国にも多いが、留学生は圧倒的に日本の方に多い。しかも、両国の間で顕著な違いとなっているのがベトナム人女性との国際結婚の数である。ベトナム人女性で日本人男性と結婚し、日本に在住している人は3000人ほどに過ぎないが、韓国人男性と結婚して韓国に住んでいるベトナム人女性の数は公式統計に計上されている分だけで4万人以上、実際には10万人を超えるのではないかと言われている。韓国人の国際結婚の相手方を国籍別で見てもベトナム人（97％が女性）が最も多い。この背景についてはすでに紹介したので繰り返さないが、その後も状況に大きな変化はないようである。

韓国における不法残留外国人の国籍別内訳は明らかではないが、ここでも中国人に加え、ベトナム人の比率が圧倒的に高いと言われている。韓国には中央アジア、特にウズベキスタンからの在住者が多く3万人以上だが、彼らの不法残留も問題になっているようだ。日本に在住するウズベキスタン人は、大半が留学生及びその家族で2900人ほどしかいないので、韓国に10倍以上ものウズベキスタン人が在住しているのは驚きである。

41. インドはなぜ「スポーツ小国」なのか

２０１８年9月初め、インドネシアで開催されていた第18回アジア競技大会が終わった。日本選手団は競泳を始めとしてまずまずの好成績を収め、メダル獲得数も金75個を含む２０５個で全参加国の中で中国に次いで2番目であった。韓国がメダル１７７（うち金49）個を獲得して3番目に入ったのも、韓国人自身は予想より少ないとして不満のようだが、まあ順当なところだろう。

私がいつも不思議に思うのは、13億の人口を擁する大国インドの成績がオリンピックや世界選手権などのスポーツ国際大会で常に振るわないことである。２０１８年のアジア大会でもメダル獲得数が69（うち金15）個にとどまり、全体の8番目という下位に沈んでいる。開催国のインドネシアはもとより、ウズベキスタンやイラン、台湾より少ない。２０１６年のリオ五輪を振り返るとインドのメダル獲得数は銀1、銅1の2個で、世界全体で67番目。東南アジアの4カ国（タイ、インドネシア、ベトナム、マレーシア）や台湾の後塵を拝するという惨状であった。日本の41（うち金12）個には遠く及ばない。

インドが「スポーツ小国」なのにはいくつかの理由がある。その第1はメダルを量産するような「お家芸」がないことである。アジア大会レベルだと「陸上競技」（今回は金7、銀10、銅2）と「射撃競技」（金2、銀4、銅3）がメダルの稼ぎ頭になるが、世界大会となると太刀打ちできない。ホッケーは強いものの、なにぶん団体競技とあってメダル量産というわけにはいかない。今回は女子チームが銀メダル、男子チームが銅メダルの2個だった。国技であるクリケットはそもそもオリンピック種目になっていない。日本の場合は競泳、柔道、体操、レスリングの他、最近では卓球、バドミントンなど一定数のメダル獲得が期待できる「お家芸」があるし、競泳の場合はアジア大会レベルならこの競技だけでメダルを40～50個近く（今回は金19個を含む52個）を大量獲得できる。とにかく個人種目の多い競技に強ければメダル獲得には有利なのだが、あいにくインドにはこれがない。

そもそも、インドにはスポーツ振興を国策とする「文化」がない。この点で、かつてのソ連（ロシア）や東独、今の中国が国威発揚の一環としてスポーツ振興を図ってきたのとは事情を異にする。事実、インドでは小中学校の授業に「体育」（運動）がほとんど取り入れられておらず、関心のある子供はそれぞれのスポーツクラブに入って楽しむようなシステムになっている。従って、ある程度裕福な家庭の子供でないと幼少期からスポーツになじむことがない。特に、水泳などはクラブ自体が少なく、有力選手が育つ環境が整えられていない。今回のアジア大会でも競泳でのメダル獲得数がゼロであった。テニスや乗馬のクラブは多いが、世界にはこれらの競技を得意とする国が多いので、世界大会レベルでメダルを獲得するのは容易ではない。

もう一つ、ヒンズー教やイスラム教の影響がある。これらの宗教では健康増進の「秘儀」こそあるものの、優劣を競うスポーツを推奨する教えは見られず、特に女子の場合は肌を露出するようなスポーツを行うことはタブー視されている。この影響は水泳などの場合に女子選手が育つことを困難にさせる。射撃なら肌を露出することはないので女子選手も多いが、幼少期から楽しむスポーツではないので、常に有力選手を輩出するというわけにはいかない。メダリストに賞金を出せば成績向上につながる可能性があるが、国の財政事情を考えればそれも難しいかもしれない。

インド人のスポーツ習慣は、英国による植民地時代にエリート層の間で多少の広まりを見せたようだが、クリケットなどの一部競技を除き広く定着することはなかった。本家の英国は、リオ五輪で中国を上回る67（うち金27）個のメダルを獲得したようにヨーロッパ随一のスポーツ大国だが、この点でインドは劣等生だったことになる。もっとも、人口13億人のインドにスポーツ大国になられたら困るのは日本かもしれない。

42. 高級海浜リゾート地に大変貌しつつあるベトナム中部の都市・ダナン

２０１８年8月末、久しぶりにベトナム中部の都市・ダナンを訪問して、その大変貌ぶりに驚いた。ダナンといえば、私のような高齢世代の者にとっては、ベトナム戦争当時の１９６５年に米軍が上陸作戦を展開し、北ベトナム軍と熾烈な戦闘を行った「激戦地」というイメージが強い。しかし、今や、東南アジアを代表する海浜リゾート地に発展しつつあり、長い海岸線に沿って高級リゾートホテルが林立している。

この時私が宿泊したホテルもそうした高級リゾートの一つだが、海に面した広大な敷地に１４０以上のヴィラが建ち並び、それぞれが寝室を2～4室持ち、その中にはオーシャンビューでプール付きという豪華なヴィラもある。ホテル内の移動は運転手付きの電動カートによらざるを得ないが、ヤシの木や各種の植物が鬱蒼と茂った敷地内は全体として南国ムード満点であり、爽快である。

ダナン市には五つ星のホテルが20あるというから、海辺に建ち並ぶ他のリゾートホテルも同様な豪華さなのだろう。ダナンの市街地までは5～10キロありタクシーを利用するこ

サンワールドに向かう世界最長のケーブル・カー

サンワールドに再現されたフランスの古城

とになるが、料金は日本に比べれば安く、しかもサービス精神にあふれているので、不便さはない。買い物や食事に出てもタクシーは追加料金なしで待っていてくれたり、指定時刻に戻ってきてくれたりするので有難い。但し、観光地で待機しているタクシーの中には高額な料金をふっかけてくる悪質な運ちゃんもいるので要注意である。

市外に出ても、近郊に世界遺産の街であるフエやホイアンがあるので退屈しない。加えて、数年前、バーナーヒルズという高原の避暑地に「サンワールド」というアミューズメントリゾートがオープンしたので丸1日がつぶせる。ダナン市内から西に30キロ、タクシーで40分ほどかかるが、フランスの中世都市を再現したという施設は巨大かつ広大で、訪れる者の度肝を抜くこと必至である。麓から1400メートルある山頂まではロープウェイで登ることになるが、ケーブルの長さは5キロを超えて世界最長だそうである。10人乗りのゴンドラは所によっては地上150メートル以上の高さ（眼下は亜熱帯の密林）を走行するので、高所恐怖症の方にはお勧めできない。

それにしても、ベトナム中どこに行っても韓国人旅行者の多さには少々驚く。2017年、ベトナムを訪れた韓国人の数は216万人ほどだが、2018年に入ってさらに50%以上のペースで増え続けており、この年には340万人を超える見通しだという。日本人のベトナム観光も結構なブーム（2017年は80万人）だが、数の上では韓国人は日本人の約3倍も多い。統計で見ると、中国人の訪問者数はその韓国人数をさらに50～60%以上も上回っているようだが、ベトナム北部の国境を越えてくる者も多いだろうから単純比較は難しい。

ダナンへの訪問者数もほぼ同様な傾向にあり、2018年上半期の日本人の数7・6万人と比較しても、韓国人80万人がこれを大きく上回っている。私が宿泊したホテルでも、宿泊客の8～9割が韓国人の家族連れであった。ダナンの国際空港は2017年5月に新ターミナルが完成しており、アジアを中心に世界各地からの直行便（日本からは成田と大阪）も増えている。海外からの直接投資もシンガポール、日本、米国、韓国などから行われている。人口106万人（2017年）のダナンは世界的に見れば未だ「中規模都市」に過ぎないが、今後の変貌ぶりが楽しみである。

43．アジア競技大会の熱狂から「政治の季節」に移るインドネシア

2018年9月、インドネシアでは第18回アジア競技大会が終わり、いよいよ翌年4月の大統領選挙をめぐる政治攻防に国民の関心が移っていく。このアジア大会は、1962年の第4回大会以来、56年ぶりにインドネシアが、開催した大会だが、中国、日本、韓国に次ぐ98（うち金31）個のメダルを獲得して、開催国としての面目を十分に保ったと言える。もっとも、金メダルのほぼ半数の14個がインドネシアの伝統武術であるプンチャック・シラットという日本では全く無名の、もちろん、オリンピック種目ではない競技で獲得したものだから、メダル数は多少割り引いて考える必要がある。オリンピックのような世界大会レベルとなるとメダルの獲得は厳しい（リオ五輪では金1、銀2、銅0）が、アジア大会ならメダルに届く選手は大勢いる。今回は開催国ということもあって、自国選手の活躍に国中が熱狂したようだ。

さて、「政治の季節」の方だが、こちらは２０１８年8月10日の立候補届け出を受け、各党の正副大統領候補が確定し、９月23日から２０１９年４月17日の投票日まで7カ月弱にわたる選挙戦が始まった。目下のところ、最大の焦点は過去4年間にわたるジョコ・ウィドド大統領の治政を1億８７００万人の有権者がどう評価するかということである。２０１４年の選挙は同大統領とプラボウォ・スビアント氏（元将軍）の一騎打ちであったが、今度の選挙も同じパターンになった。21世紀に入ってから、インドネシアでは他のイスラム国家と同様にイスラム保守化と民族主義的風潮が拡大する傾向にある。こうした勢力や実業界を支持母体とするスビアント氏がウィドド大統領（世俗派ムスリム）に再挑戦する中で、同大統領もイスラム穏健派組織の議長を副大統領候補に指名するなどの対抗策を講じている。

ジョコ・ウィドド大統領

しかし、一方の候補者が現職大統領であることから、有権者の関心が経済問題の方に向かっていくのか否かが最大のポイントになる。インドネシア経済はここ数年５％台前半のＧＤＰ成長率を維持している。２０１８年もプラス５・２％前後と予測されているが、米国トランプ大統領の経済財政政策の影響もあって、インドネシア通貨ルピアが対ドルの為替レートを下げ始めていることが新たな懸念材料になっている。失業率こそ5・3％の水準にあってまずまずだが、経常収支・財政収支ともに赤字続きで、10年物国債の金利は8％台まで上昇している。国内資源保護を目的とする外資差別の貿易政策も輸出の減少をもたらし、裏目に出ているように思われる。国民生活に直接影響するインフレ率は今のところ3・2〜3・4％を推移しているが、これが急上昇するようなことがあれば現職大統領にとっては不利な材料になろう。

イスラム・テロリズムに対する政府の対応も焦点の一つである。2018年5月にスラバヤで発生したISシンパによるテロ事件（13人死亡、40人負傷）がこの問題への国民の関心を「再び」呼び起こしている。「再び」というのは、2002年にバリ島で202人を殺害した一大テロ事件後に政府のテロ対策が大きな問題になったことがあるからで、その後も2005年にテロ事件が発生しているにもかかわらず、軍と警察の対立や公権力の強権発動による人権侵害を警戒する議会（ちなみにインドネシア議会は立法作業の非効率と専門性の欠如、汚職腐敗で有名）が、取り締まり強化に向けた法律改正に二の足を踏んできた。最近、トルコ政府はシリアのIS支配地域への不法越境を試みたとしてインドネシア人500人ばかりを強制送還している。大統領選挙前に予定されるIMF・世銀年次総会などの大規模イベントでテロ事件が発生すれば、ジョコ大統領の統治能力が問われ選挙キャンペーンに著しく不利になる。元軍人である対立候補がこれを煽り立てることは確実で、ここに今回の選挙の大きな「不確実性」がある。

実は、大統領選挙に絡んで、インドネシアで密かにささやかれていることがある。それは、中国のサイバー攻撃による「選挙干渉」である。先のカンボジアにおける総選挙ではこれが問題になった。インドネシアには1965年に発生した「9月30日事件」という暗い過去がある。この時、中国の影響を受けた共産主義者ら50万人近くが「粛清」されている。独立以来のスカルノ政権が倒れ、スハルト大統領が登場したのもこの事件を契機としている。今、中国から見てどの大統領候補が自国にとって好都合なのか。ジョコ・ウィドド大統領としては来年4月の選挙日までは外交面で中国と事を構えるのは避けようという心理が働くかもしれない。

44. 世界史の教訓から読み解く朝鮮半島情勢

「蛮族は武力をもって南下し、南の文化は被支配の中で北上する」のが人類の歴史の常である。北半球はどこでも、北部地域は寒冷な気候で食糧生産に適さないがゆえに豊かな南部一帯に武力侵攻し、これを奪う。温暖な気候で食糧を大量に生産できる南部は富を蓄積し文化を発達させるが、性は柔弱で北からの武力侵攻に耐えられない。畢竟《ひっきょう》、南は北の支配を受けるが、文化的に未熟で貧困な北は南の富と文化に憧れ、富を収奪し文化的に同化する。中国歴代王朝の歴史を見るまでもなく、これは反復された教訓である。

ヨーロッパの歴史でも同じことが言える。ゲルマン民族は北方から南下し、経済的・文化的に栄えていたローマ帝国を滅ぼしたが、キリスト教文化は北上し、やがて大陸全土に広がっている。アメリカ大陸は歴史的事情が大きく異なるが、合衆国は強い軍事力をもってメキシコ以南のラテンアメリカ世界を制圧した点で類似性はある。

朝鮮半島もベトナムも北が南を武力で抑え、その富を収奪して国を発展させた。朝鮮半島は三国時代から百済や新羅が繁栄し、文化も栄えたが、北の高句麗に滅ぼされ、高麗王朝も李氏朝鮮も北部から半島全体を支配した。ベトナムも紀元前後から北部ホン河周辺に初期国家が誕生し、18世紀末までに中部のチャンパ王国、南部のメコン・デルタ地帯を歴史の流れとともに徐々に征服し、19世紀初めに統一王朝（阮朝《げんちょう》）を誕生させている。日本列島だけは例外で、邪馬台国の時代から列島の南西一帯に強い軍事力を持った国家が誕生し、経済・文化も発達した。これがやがて北上して関東地方、そして東北地方を征服し、支配している。これは、日本列島に鉄器・稲作文明が南方から伝わった経緯と関係しており、文化だけでなく、軍事力も大和の勢力が先行して掌握したためだろう。

私がこうした「世界史の教訓」にあえて思いを馳せるのは、朝鮮半島の将来が気になるからである。21世紀に入った現代社会においては、過去の歴史は直接的には当てはまらないが、朝鮮半島だけは「武力を恃《たの》む北と経済・文化的に繁栄する南」の構図が今なお看て取れる。太平洋戦争後、ベトナム北部は共産主義国家になったことで、人民の心情として豊かな南ベトナムへの経済的・文化的な憧れが続き、1975年にはついに武力でこれを征服した。今、北朝鮮の人々が韓国に寄せる思いには、当時の北ベトナム人民の心情に近いものがあるのではないか。

中国でもヨーロッパでも、北部地域に居住して南下を目指す人々（南部からはしばしば蛮族と見られていた）は、善意を装うことで南部の警戒心を解き徐々に浸透した上で、時至れりという段階になって一気に南を征服している。昨今の朝鮮半島情勢を見ていると、心にもない「非核化」の意志をちらつかせる金正恩に対して、韓国の文政権が前のめりとなり、嬉々として擦り寄っているように見える。韓国の多くの人々も幻想を抱いて「南北和解」を夢見ているようだ。米国も中国も朝鮮半島の人々の幸せを本気で気にかけているわけでも高尚な安全保障戦略からでもなく、それぞれの国内事情、政権の思惑だけで動いている。そこに明るい未来は見えてこない。

多くの朝鮮半島専門家が今の北朝鮮に対して硬軟両様の対応を慫慂《しょうよう》しているが、世界史の教訓から学ぶとすれば、それは5対5ではなく、「硬7対軟3」あるいは「硬8対軟2」くらいの姿勢で臨み続けるべきではないか。そのためには、米日韓の連携が欠かせない。金正恩は米国の攻撃さえ引き延ばせれば「時は北に有利」と思っているだろう。中国の習近平も同じ思いなのではないか。民主体制下の米日韓の指導者は、早晩、政界から姿を消さざるを得ない。北朝鮮に対する制裁措置の維持・強化のみが「時は北に有利」の状況を覆すことができる。

第2部

ベトナムとアジアの過去と未来

1．「ベトナム戦争世代」の読書遍歴

ベトナム戦争とは何だったのか。この疑問は、私のように、青春の多感な折に「ベトナム戦争」を同時代の出来事として生きた者にとっては、容易に答えが得られない疑問である。私がかつて外交官という不釣り合いな職業を選択した一因もこの疑問と無関係ではないし、やがて大使としてベトナムという任地を望んだのも同じ理由からである。外務省を退官して大学の教壇に立ち、学生に「ベトナム戦争」を語った時も彼らの反応は鈍く、歴史の一コマとしてしか理解されなかった。思えば、あれからすでに半世紀近い歳月が過ぎようとしており、自らの老いをしみじみと感じるばかりである。

南ベトナム民族解放戦線（ベトコン）の実像

日本の各地からベトナムに飛ぶ定期便には3種類の日本人が搭乗している。第1のグループは仕事でベトナムに赴く中年の男たち。その数は日本とベトナムの経済関係が年々深まる中、着実に増えている。第2のグループは若い女性たち。彼女たちは、何人かで連れ立って旅を楽しむ人たちだが、名所旧跡の観光というよりは、グルメと割安な買い物に関

心を向けている。ベトナムは総じて治安が良いので、ハノイ市やホーチミン市なら女性だけで夜道を安全に散策できるのも魅力の一つかもしれない。そして、3番目のグループが60歳代後半から70歳代と見受けられる初老の男女の一群である。彼らの関心はただただ「今のベトナムの姿」を見ること。若かりし日にベトナム戦争のニュース映像を毎日のように見、そのあまりに凄惨な光景に心を痛めた世代である。反戦運動に身を投じた者もいよう。そうした人たちが、今、活気に満ちあふれ、平和に暮らすベトナムの人々の姿を見て、心の奥深くに沈殿し続けている「後ろめたい思い」を昇華させる。ただ、その目的一つのためにベトナムを「巡礼」するのである。

かく言う私も、この第3のグループに属する1人である。個人的にはかつて3年近くハノイに在勤して、現代ベトナムの良い面も悪い面もいろいろと見てきたし、多くのベトナム人とも知り合ったが、常に「ベトナム戦争とは何だったのか」という思いに取りつかれ、退官した今もこの疑問が完全には晴れずにいる。そうした悶々たる日々の中で最近偶然読んだのがバオ・ニン著『戦争の悲しみ』(めるくまーる)である。南ベトナムのジャングルで戦った北ベトナムの若者の半自伝的小説だが、狂乱するばかりにもがき苦しむその姿は、これまでの北ベトナム兵士像、すなわち「民族解放の使命感に燃え、雄々しく戦う戦士」というステレオ・タイプなイメージとは全く異なるものであった。戦争の中で道を踏み外し、脆弱な青春を崩壊させていく恋人の姿と相まって、深く共感できるものがあった。チュオン・ニュ・タン著『ベトコン・メモワール』（原書房）も南ベトナム民族解放戦線（ベトコン）の真の姿を理解する一助となった。解放戦線については、北ベトナムの労働党（後の共産党）が南ベトナムに作り出した共産主義者の傀儡組織なのか、南ベトナムの民族主義者や愛国主義者、あるいは単に平和・自由を願う若者たちが結集した反政府集団なのか、という二つの異なる見方が当時から存在した。チュオン・ニュ・タン氏（サイゴンの裕福な家庭に生まれたインテリで解放戦線元幹部。南ベトナム臨時革命政府の閣僚）の著作を読む限り、ベトコンとは本質的には両者が混然一体となった集団であるが、これを時の経過の中で見れば、1960年代初期に南ベトナム人主体の反政府武装闘争組織であったものが、戦争の激化とともに（特に1965年の米軍の本格参戦を境に）北からの浸透が進み、ついには北ベトナム労働党の厳しい指導下に置かれたというのが真相に近いようだ。1976年の南北ベトナム統一（共産党による全土支配）の後に非共産党系の元ベトコンメンバーの多くが、深い失意の中、ボートピープルとなって国外に脱出したのはよく知られた事実であり、チュオン・ニュ・タン氏もそうした1人である。

ベトナム共産党の内幕を暴く亡命者

ベトナム戦争の時代、北ベトナム労働党の指導部が決して一枚岩でなかったことはあまり知られていない。党内の意思決定過程はベールに包まれており、指導者間の権力闘争の実態も外部に漏れることはほとんどなかった。しかし、今では、かつて指導部周辺にいた亡命者によって陰湿かつ激しい部内闘争の実態が徐々に明らかにされており、そうした中でも、1990年にフランスに亡命したベトナム共産党の元幹部、タイン・ティン氏の政治回想録は近代ベトナム史を検証しようとする研究者の間で特に重要視されている。彼の著作は2部構成になっており、第1作が『ベトナム革命の内幕』（原題『雪割り草』）、第2作が『ベトナム革命の素顔』で、邦訳版がそれぞれ1997年と2002年に株式会社めこんから出版されている。今、私が読み返しているのは第2作の方であるが、権力闘争に明け暮れる指導者と軍人・党官僚に対する著者の視線は当然ながら甚だ厳しい。私が驚くのは、ベトナム戦争が激化する1960年代半ばには、すでにホー・チ・ミン国家主席やボー・グエン・ザップ将軍が党・軍の最高意思決定過程から実質的に外されていたという事実である。中ソ対立が激化する中で、ベトナム労働党指導部は親ソ派と親中派、及びそのどちらにも属さない中間派に分裂し、それぞれが党内指導権をめぐって陰湿な政争を繰り返している。ホー・チ・ミン国家主席やザップ将軍がこうした内紛から超然たらんとすればするほど、双方の抗争グループから煙たがられ疎んじられる。ホー・チ・ミン国家主席は1969年9月に死去しているが、最晩年には権力から完全に外され、事実上の「自宅軟禁」状態にあったとする別の証言もある。本書の中で著者が特に憤っているのは、戦争中に進められた農業改革の大失敗（ベトナム中北部で激しい農民反乱を惹起した）や1968年のテト攻勢時にフエ市で起きた北ベトナム軍による大量虐殺事件（南ベトナムの官憲・市民が数千人殺害された）、1975年のサイゴン陥落直後に始まった南部の急激な社会主義改造（いわゆる「再教育計画」）の失敗（ボートピープル発生の一因）など、党・軍指導部の重大な過失に対して何らの真相究明・責任追及がないことである。著者は、1980年代にさまざまな形で共産党内の民主的改革案を提示したが修正主義者として厳しく非難され、結局、海外に亡命せざるを得なかったようである。

サイゴン特派員・日野啓三の懊悩

ベトナム戦争時の日本人のサイゴン特派員・従軍記者や戦争カメラマンによる出版物も多い。今、私が読み返すのは、近藤紘一、本田勝一、日野啓三らが書き残したエッセイや従軍ルポだったり、開高健の小説、沢田教一や石川文洋の取材記録・写真集だったりする。彼らに共通するのは青少年期に太平洋戦争（本土空襲）を経験したことであり、そうした若き日の記憶が反戦意識を生み、泥沼のような焦土戦の中を逃げ惑うベトナム民衆の生き様に限りない共感を寄せている心の有り様である。米軍のプレスチームの全面協力を得、米軍ヘリで前線に移動して米兵の戦闘状況を取材する彼らの複雑な心境が、文章の行間やカメラのアングルに垣間見える。

しかし、そうした中で、読売新聞のサイゴン特派員だった日野啓三のエッセイ『ベトナム報道』（講談社）はやや特異である。彼のサイゴン駐在はわずか8カ月に過ぎないが、1964～65年という時期は南ベトナム政権をめぐる相次ぐクーデターと米軍の本格参戦というベトナム戦争の大きな転換期に当たり、取材・報道のあり方に苦しんだ姿が十分に感じ取れる。ベトナム民衆の苦悩に寄り添い、「戦争の本質」に迫ろうとする著者の哲学的・形而上的な思索は狂おしいばかりである。彼は後に芥川賞や泉鏡花文学賞を受賞する作家に身を転じるが、サイゴンの狂気を生きる中で、「この溶解しかけた現実感覚は小説の形でしか書けない」との思いに至る心情は切実である。そこには『輝ける闇』（新潮社）を書いた開高健の思いに通じるものがある。親や兄弟・姉妹が目の前で虐殺され、年端もいかない少年が公開処刑される。人間の命が紙屑ほどの価値もない世界を生きた時、私たちは何を感じるのか。再び「ベトナム戦争」を読み返す時、人間の悲しき業、時代の過酷な運命に自失する。

森村誠一の小説に描かれた「ベトナム戦争」

戦後日本を代表するサスペンス作家である森村誠一が、ベトナム残留日本兵を主人公とする作品を書いている。1983〜84年に出版された『青春の源流』（講談社）という長編小説（全4巻）がそれで、推理ものが多い彼の作品群の中では異彩を放っている。時代背景は太平洋戦争末期からベトナム戦争終結後までの30年以上にわたっており、このタイム・スパンの長さも特異である。学生だった主人公が学徒出陣で仏印に送り込まれ、終戦後もベトナムに残ってベトミン軍とともに抗仏インドシナ戦争を戦う。大半の残留日本兵が同戦争終結後の1954〜55年に帰国するが、主人公はその後もベトナム農村に潜行し、ゲリラ部隊を率いてベトナム戦争も戦う、という設定である。やや強引な筋書きではあるが、戦争に明け暮れるベトナムの社会的状況は正確に描かれており、フィクションではあるものの「さもありなん」と思わせるだけの読み応えがある。彼もまた、小学生の時に太平洋戦争を体験した世代であり、「まえがき」の中で、「戦争という極限状況において凝集された青春を描いてみたかった」と言い、「前途に一筋の光明も見出せない時代に生まれ合わせた不運な若者の生き方は切実である」と述べている。事実、著者の描く「ベトナム戦争」は限りなく悲惨であり、本田勝一や開高健がルポルタージュでは語り切れなかった「闇」のような戦争の残酷さが存分に描かれている。特に、私の胸を打つのは、戦場で主人公と行動をともにし彼に思いを寄せる若きベトナム人女性たちが、民族自決の建前とは別に平和を願い愛に生きようとする心情であり、戦場で短い命を散らせていく姿である。生活の場がそのまま戦場になり、逃げ場を失ったベトナムの人々の苦境が延々と描かれるために、読後感としては相当に気が重くなる作品である。（ただ、この小説ではベトナムを取り巻く当時の政治状況はミクロ的に描かれるのみで、大局的な視点を欠いており、南ベトナム政府は専ら悪の権化とされ、対米批判も強烈である。いわゆる「平和主義者」である著者は、北ベトナムの共産主義者を一方的に善なるものと捉え、民衆の味方としてのみ描いており、この点では単純化が過ぎるように思われる。）

ベトナム戦争とは何だったのか

今、「ベトナム戦争とは何だったのか」という疑問に思いを巡らす時、先人の書き残した文献によって真相の一端を知ることはできる。国際政治の本を読めば中国共産革命、米ソ冷戦、中ソ対立、国際共産主義運動、ドミノ理論等々の言葉が躍り、ベトナムはただこうした国際政治の激流に翻弄された憐れな小国という位置付けになる。マクロ的な視点から見ればそれは立派な「解説」だが、私の関心なり疑問はそこにはなく、このような時代状況をベトナム人自身はどのように生き、何を思っていたのかというミクロ的な視点にこそある。

ベトナム人は我々の言う「ベトナム戦争」を「抗米戦争」と呼んでいる。確かに「ベトナム戦争」という呼称は米国、従って国際社会の捉え方であって、ベトナム人自身が「ベトナム戦争」と呼ぶことがないのは分かるが、「抗米戦争」という言い方にも北ベトナムによる戦略的な宣伝臭がある。１９６５年に米国が北爆を開始し本格参戦した後は「北ベトナムvs米国」という図式も当てはまるが、それまでの5年以上は南ベトナム内における政府と反政府勢力（ベトコン）の間の武装闘争という色合いが濃く、１９７３年の米軍撤退以降の2年間は南北ベトナム間の戦争であったことを考えれば、この期間の戦い全体を「抗米戦争」と呼ぶことには違和感がある。私は、そこに、前述したような北ベトナムによる戦略的な宣伝臭を感じるが、もう一つの側面として、戦後の南北統一事業の過程で自国民同士が殺し合ったという「忌まわしい過去」に蓋をしたいという思いが働いているような気がしてならない。外敵に対する民族自決の戦いに勝利したのだという総括は「内戦の古傷」を癒すのではないか。先に引用したチュオン・ニュ・タン著『ベトコン・メモワール』の中に、南ベトナムの一知識人が「ベトナム戦争とは北ベトナム人どうしの戦争であり、南ベトナム人はそれに巻き込まれた犠牲者なのだ」と吐露する件《くだり》が出てくる。1954年にジュネーブ和平合意が成立して第一次インドシナ戦争（ベトナム人の言う「抗仏戦争」）が終結すると、共産主義体制を忌避する北ベトナムのカトリック教徒ら100万人以上が南ベトナムに脱出（移住）している。彼らは、やがて南ベトナムのゴ・ディン・ジェムやグエン・カーン、グエン・バン・チューなどの強力な反共政権の中枢を固め、南ベトナム民族解放戦線や北ベトナム軍に徹底抗戦を挑み続ける中核勢力になっている。上述した南ベトナムの一知識人の言葉は、こうした状況に対する一定数の南ベトナム住民（市井の人々）が抱いていた憤懣やるかたない気分を代弁しているのではないか。「ベトナム戦争」をベトナム人自身のミクロ的視点から見ると、当時のベトナム国内政情は甚だ複雑である。

政治指導者と戦争責任

私は今、上述したように、多くのベトナム戦争関連書物を読み返すことで、同時代を生き戦争を生身で体験した人々の声を断片的ながら聞き返そうとする日々を送っている。残念ながらベトナム語で書かれた書物を読めないので渉猟できる文献の範囲は限られている。ベトナム語のネット上はさらに多くの情報（主に米国発信）があふれているようだが、チェックできていない。私はハノイ在勤中に多くのベトナム人と知り合い、戦争中の体験を聞こうとしたが、大半の人は多くを語りたがらなかった。忌まわしい記憶として心の奥深くにしまい込まれてしまっている。現在の政治指導者を見ても、ベトナム戦争を兵士として体験した60歳代半ば以上の世代は少なく、今や「ポスト戦争世代」がベトナムの政治・経済のトップを占める時代を迎えつつある。ベトコンの兵士だったチュオン・タン・サン元国家主席やグエン・タン・ズン前首相はすでに政界を引退した。まして、技能実習生や留学生として日本に来ているベトナムの若者にとって、ベトナム戦争は歴史的出来事でしかないのではないか。

本稿の冒頭でベトナムを「巡礼」する日本の高齢者グループのことを紹介した。私自身を含めて、こうした高齢者はあの時代に自分が無責任な傍観者であったこと、あるいは間接的ながら加害者側にいたのではないかという「漠然とした罪悪感」を持っているように思われる。戦場となった村々や戦火の中を逃げ惑う民衆の姿を写真で見る時、その思いはいやが上にも募る。他方で私たちは、北ベトナムの労働党及びベトコンの国際戦略として、「民族自決への熱望」と「無辜《むこ》の一般民衆の犠牲」を誇大に宣伝し、南ベトナム政府とこれを支援する米国の悪逆非道さを国際世論に訴える広報戦略を展開していた事実も冷静に知っておく必要がある。先に紹介したタイン・ティンの政治回想録の中に、戦争終結から10年近くがたったある日、2人のベトナム人ジャーナリストがレ・ズアン共産党書記長（当時）に、1968年のテト攻勢で北ベトナム軍に多大な死者を出し、一時的に撤退を余儀なくされたことの戦略的適否を質す件がある。書記長はこの質問に激怒し、「たとえ犠牲はどんなに多くとも、テト攻勢によって米国内の反戦世論が盛り上がった意義は大きい」と答えている。戦争指導者にとって、戦場での兵士の生死は将棋の盤上で駒を動かすようなものかもしれない。今、再び、「ベトナム戦争」を読み返す時、政治指導者の大局的決断と戦場で散っていった多くの若い命、そしてこれに巻き込まれて犠牲となった数限りない一般民衆の存在との隔絶に暗澹《あんたん》たる思いがする。これらの若い命、無辜の人々は決して盤上の駒ではない。開戦の決断をする指導者は国民に大義を示し、戦場に赴く兵士にはその大義のために命を捧げて欲しいと願訴する誠実さが求められる。きな臭さを増す昨今の東アジア情勢を見るにつけ、「ベトナム戦争とは何だったのか」との思いは募るばかりである。

2．天皇陛下のベトナムご訪問～「戦後」を終わらせる旅～

天皇・皇后両陛下の初めてのベトナム訪問

２０１７年2月28日～3月5日、天皇・皇后両陛下がベトナムを公式訪問された。両陛下のベトナム公式訪問は歴史上初めてのことである。両陛下はハノイでの公式行事（歓迎式典や党・政府最高首脳夫妻とのご会見など）に加え、在留邦人代表・海外青年協力隊員やベトナムの元日本留学生、あるいはベトナム残留日本兵の家族と面会された。また、その後、ベトナム中部の古都フエにまで旅程をのばされて日越両国の長い交流の歴史を偲ばれた。ベトナムのような「小さな国」に両陛下が5泊6日という比較的長いご滞在をされたことは異例である。

近代史に思いを馳せれば、太平洋戦争の勃発直前に日本軍が仏印進駐という形でベトナムを含むインドシナ各地に進出し、5年近くにわたって軍事支配（大半の期間はフランスとの二重統治）した歴史がある。北ベトナムが共産化した後は、日本は米国の同盟国として１９７５年に終結するベトナム戦争に、北ベトナムの敵方として間接的にかかわった。１９５８年の賠償協定は当時の南ベトナム政府（ゴ・ディン・ジェム政権）と締結したものであり、北ベトナム側は日本による南ベトナム支援の一環と受け止めたであろう。１９７８年末のベトナムによる全面的なカンボジア侵攻後は、日本も国際社会の一員としてベトナムの孤立化、国際包囲網に加わっている。こうした歴史的背景に照らせば、天皇・皇后両陛下のベトナム公式訪問は、単に日越両国の友好親善関係の増進という一義的な目的にとどまらず、ベトナムとの関係において「戦後」を終わらせるという象徴的な意味合いを持っていたように思われてならない。両陛下の比較的長いベトナムご滞在は、このことと無関係ではないのではないか。

私自身、ベトナム在勤時（２００８〜１０年）に、天皇陛下のベトナムご訪問について、ベトナム政府側から何度も強い要請を受けた。ベトナム政府からすれば、国家元首に相当する歴代の国家主席が公式訪日している中で、天皇陛下のベトナムご訪問が実現しないのでは外交儀礼上もバランスを欠くということであった。日本の総理大臣がベトナムをたびたび訪問していることはそれなりに評価されているが、それはベトナムの首相がより頻繁に日本を訪問していることで相殺されているということであろう。私はこうしたベトナム側の思いを本国に伝え、天皇陛下のベトナム公式訪問を実現いただくようお願いした。実際、在勤中の２００９年2月に徳仁《なるひと》皇太子殿下がベトナムを公式訪問され、ベトナム側官民の熱烈な歓迎を受けている。ベトナムの人々は基本的に「未来志向」の思考回路を持ち、アジアの先進国である日本に強い憧れを示すことこそあれ、過去の歴史にこだわって反日感情を表すことはない。私は、天皇陛下がベトナムをご訪問されれば、朝野の大歓迎を受けるであろうことに強い確信を持っていた。そのことは、まさに、今回のご訪問で明確に示されたのである。

翻って、日本とベトナムの間には長い交流の歴史がある。奈良時代にはベトナム仏教の高僧（仏哲大師）が日本を訪問しており、遣唐使として中国に渡って高官となり節度使《せつどし》（唐の官職）として安南国（ハノイ）に駐在した阿倍仲麻呂の事例もある。また、我が国古来の宮廷音楽である雅楽は、ベトナム古代王朝で奏でられたチャンパ系の唐楽ニャーニャックに影響を受けたと言われる。16～17世紀初めの朱印船貿易が続いていた時代には、ベトナム中部のホイアンに日本人町が生まれ、１０００人を超える日本商人がこの町に住んで交易に従事したという歴史もある。これらの出来事はそれぞれに興味深いが、ここでは明治以降に絞って、日越交流の数奇な歴史をたどることとしたい。そうすることで、「戦後」を終わらせるという今回の両陛下のベトナムご訪問の暗意を感得したいと思う。

グエン朝と日本

ベトナム公式訪問にあたり、天皇・皇后両陛下が中部にある古都フエにまで足を運ばれたことは先に触れた。フエの街は人口30万人ほどの中規模都市であるが、中国の紫禁城を模した王宮の遺跡が残り、ユネスコの世界遺産にも指定されるなど、今日でも独特の雅《みやび》な雰囲気を醸し出している。但しベトナム戦争の末期には熾烈なフエ攻防戦が展開され、南北軍双方及び米軍に多数の戦死者が出ている。王宮も大半が破壊されたが、現在は日本政府などの支援によって修復が進んでいる。２００８年に私が新任大使として公式訪問した折には、王宮の正殿である太和殿で知事主催による古式ゆかしい歓迎式典が催されたことがある。フエを中心とするベトナム中部地域は今でも独特の文化に彩られ、宮廷料理の伝統を残し、言語も北部や南部の話し言葉とは大きく異なる。

フエを都としたベトナム王朝は「グエン（阮）朝」と言い、19世紀の初めから太平洋戦争が終結した１９４５年まで１４０数年続いた。もちろん、古代王朝といったものでは全くなく、「グエン朝」末期の帝室は明治天皇から昭和天皇にかけての時代に日本の皇室とかかわりを持っていたほどである。その中でよく知られているのが、後述するファン・ボイ・チャウの革命運動に絡んで、「グエン朝」の親王の１人、畿外侯クオン・デ殿下（景王子）が訪日していることである。彼はその後も長く日本滞在を続け、戦後の１９５１年に東京で没している。同じく、これも後述するが、太平洋戦争末期に日本軍がフランスとの二重統治を終焉させベトナムを単独支配するに及んだ折には、現地軍の司令官らが「グエン朝」関係者と接触し、帝室がフランスから実権を回復する動きを画策（工作）したこともある。ただ、１９４５年3月にフランスからの独立を宣言した第13代皇帝バオダイ（保大帝）の「ベトナム帝国」（日本の事実上の傀儡政権）は、ホー・チ・ミンの共産革命を受けてわずか5カ月あまりで潰えることとなった。「グエン朝」の末路は憐れである。（なお余談であるが、最近皇室事情に詳しい専門家に伺ったところ、現天皇陛下は幼少の折にバオダイ帝にお会いになっておられる由である。）

ベトナム革命志士と明治政府

時は20世紀の初頭、明治38年のことである。ベトナムはフランスの植民地となって三十数年、ベトナム各地で反フランス独立闘争が猖獗《しょうけつ》を極めていた時代である。北中部のゲティン省（当時）では先鋭化した革命志士たちが、フランスの官憲に対して組織的な抵抗を繰り返していた。そうした革命志士の中にファン・ボイ・チャウという名の有能な青年がおり、彼は、日露戦争に勝利したばかりの日本に密航し、時の明治政府要路にベトナムに対する支援を呼びかけて回った。後に中国で辛亥革命を起こす孫文らの中国人活動家が日本で暗躍していた時代であり、チャウも梁啓超らと連絡を取り合って、犬養毅や大隈重信に接触したという。特に犬養毅に大きく影響され、彼の助言によってベトナムの若者を日本に留学させて革命の同志を募る「東遊（ドンズー）運動」を展開した。しかし、小村寿太郎ら明治政府の外交当局はフランスとの不平等条約の改正を優先してチャウの要請を拒否したのみならず、1908年の暮れにはフランスからの抗議を受けてベトナム人革命家の一斉国外退去を命ずるに至っている。こうして、チャウが精力的に推進した「東遊運動」は、わずか3年弱で挫折をみる結果となる。

ファン・ボイ・チャウ

この「東遊運動」の話は日本で知る者はほとんどいないが、ベトナムでは小学生でも知っている有名な歴史挿話である。ファン・ボイ・チャウは多くの著作を残したが、その中でも、日本滞在中に書いたと言われる『勧青年遊学』や『海外血書』は当時のベトナムの有為の青年たちに多大な影響を与えたと言われる。チャウの晩年はフランス当局に捕らえられフエ香河の河畔に幽閉されて、孤独の中に74歳の生涯を終えている。（天皇・皇后両陛下はフエ滞在中にチャウが埋葬された墓地・記念館を訪れ、チャウの孫に当たるファン・ティエウ・カット氏の挨拶をお受けになった後、墓前に黙礼を捧げておられる）。ただ、チャウの思想や運動に影響された多くのベトナム青年はその遺志を継いでフランスからの独立闘争や革命運動に身を投じており、そうした者の中から後の革命指導者ホー・チ・ミンが現れている。

仏印進駐と残留日本兵

天皇陛下はハノイにおいて、ベトナム残留日本兵の家族と面会された。93歳になる元妻1人を含む12家族16名とのことである。残念ながら「ベトナム残留日本兵」のことはあまりよく知られていない。その実数も定かではないが、先人の研究ではラオスやカンボジアに残留した日本兵も含めて約７００～８００人であったろうと推定されている。彼らは戦後の引き揚げに際して帰国を潔しとせずに脱走し、多くがベトナム独立同盟会（ベトミン）軍に加わって第一次インドシナ戦争（抗仏戦争）をともに戦っている。１９５４年に終結したこの戦争で半数近い残留日本兵が戦病死し、生き残った者はホー・チ・ミン政権側の求めにより順次帰国したが、残留を強く希望してベトナムで生きる道を選んだ者もいたようである。（第2部1で紹介した小説『青春の源流』の中で、著者はこの残留日本兵の数を約1万名、そのうちベトミン軍に参加した日本兵の数を３０００～４０００名と記しているが、この数は最近の研究成果に照らせば多過ぎるようである。）

日本軍がインドシナ半島北部に進駐したのは１９４０年9月からのことで、蒋介石率いる中国国民党を支援するための物資輸送路、いわゆる「援蒋ルート」を遮断するのが主目的であった。翌41年になると東南アジア各方面に軍を展開させるためにさらにインドシナ半島南部にまで軍を進め、南方軍の総司令部をサイゴン（現ホーチミン市）に置いている。１９４２年11月に総司令部がシンガポールに移ると、サイゴンに印度支那駐屯軍が配置され、44年12月に第38軍（中核は第21師団）に再編されてハノイに移駐するまでインドシナ半島全体の守備を担っている。１９４４年11月、太平洋戦争も末期になって戦局が厳しさを増すと南方軍の総司令部が再びベトナムに戻り、中部高原のダラットで終戦を迎えている。このようにベトナムは、太平洋戦争の全期間を通じ日本陸軍の南方作戦の拠点として位置付けられ、終戦時点でインドシナ半島全体に約9万人、ベトナムだけで約8万人の日本兵が駐留していたという。

さて、残留日本兵の「家族」についてであるが、大きく分けて2種類の「家族」がある。一つ目は、日本に残された両親、妻、子供などの「日本人の家族」であり、もう一つは、残留日本兵が現地でベトナム人女性と結婚し子供を残した「ベトナム人の家族」である。抗仏戦争終結後の１９５４年から始まった残留日本兵の帰国にあたって、第二陣以降は「ベトナム人の家族」の帯同が認められているが、第一陣にはそれが認められなかったために、ベトナム人の妻子を現地に残しての単身帰国になり、その後の再会も叶わず、悲劇として語られている事例が少なくない。帰国にあたりベトナム当局から家族に事実関係を知らせてはならないと厳命されたために「長期の出張に行く」とだけ家族に言い残した結果、ベトナム人妻たちはひたすらその帰還を待ち続けることになり、多くの場合に再婚も叶わなかったようである。さらに、戦後の日本が米国と同盟関係を結んだために共産党政権の北ベトナムとは敵対関係になり、日本人の夫に見捨てられた形になったベトナム人妻及びその子供たちは社会から蔑視され、筆舌に尽くしがたい辛酸を舐めたと伝えられる。私がハノイに在勤していた折にも自宅に日本兵の遺影を飾っているベトナム人の老婦人がいるという話を聞いたことがあるが、ついぞ面会することはなかった。残留日本兵の第一陣が帰国の途に着いてからすでに60年以上の歳月が流れ、「元日本兵の妻たち」も他界されたか、存命していても90歳前後の高齢になっている。幸い、１９７３年に日越間の国交が回復し、90年代以降は極めて良好な関係を構築していることから、「元日本兵の妻たち」の名誉も今では十分に回復されているようである。

元日本留学生と天皇陛下

天皇・皇后両陛下のハノイでのご日程の中に、ベトナム人の元日本留学生との面会が含まれていた。ベトナムの日本留学生については、明治の末期、先述のファン・ボイ・チャウの「東遊運動」に関連して、200名近いベトナム人青年が日本で学んだ歴史があるが、戦後は1986年にベトナムで経済改革・自由化に向けた「ドイモイ（刷新）政策」が開始されて以降に日本留学が再開されている。当時は大阪大学や九州大学に留学する者が多く、経済や理工、あるいは農業の分野で日本の経験・技術を習得しようとした。私がベトナムに在勤した2008~10年には初期の留学生の中から国会議員や大学の学長などの要職に就いている方も出ており、彼らが会長、副会長となって元日本留学生会（2001年発足）などが組織されていた。ただ、日本留学が本格化するのは2010年代になってからで、それ以前の留学先はソ連・東独、中国、フランス、米国・英国が主流であった。

現在、ベトナムの若者の海外留学事情は大きく様変わりしている。2017年の単年実績では、留学目的で海外に渡航した者の総数は13万人で、その29%に当たる3・8万人が日本を留学先に選んでいる。ダントツの第1位で、これに続くのがオーストラリア、米国、中国、英国などである。日本側の資料（法務省統計）によれば、２０１８年６月末の時点で留学資格によって日本に滞在しているベトナム人の数は８・１万人で、中国からの留学生に次いで国籍別で第2位になっている。ベトナム人留学生が増えていることは日越関係の将来にとって良いことであり、両陛下に元日本留学生の代表の方々とお会いいただいたことは誠に有意義なことであった。

ただ、最近ではベトナム人留学生が日本で種々の問題を起こしていることも指摘されている。一つは、留学目的の中で日本語を勉強する者が特に増えており、彼らが専らアルバイトに精を出すことで、「留学」が就業目的の隠れ蓑になっているのではないかとの疑念である。事実、語学留学生の中には密かに2～3カ所のバイト先を掛け持ちして月に15～20万円（ベトナム国内における同年齢者の月額給与の7～9倍に相当）を「荒稼ぎ」している者もいるようである。もう一つは留学生による犯罪の多発である。警察庁の発表では２０１７年のベトナム人犯罪の摘発件数は前年比62％増の５１４０件であり、国籍別で第1位である。窃盗の中でも特に留学生による「万引き」が多発している。彼らの背後にはプロの窃盗グループが存在しているようで、留学生は彼らに使われているケースが多いとされるが、留学生の方もアルバイト感覚で万引きに手を染めているのではないかと思われる。三つ目は不法残留の問題である。法務省統計によれば、２０１８年7月時点でのベトナム人不法残留者数は８２９６人（国籍別で韓国人、中国人に次いで第３位）に上るが、このほぼ半数にあたる４１３６人が元技能実習生である。元留学生は２４３４人で、この資格による不法残留者としてはベトナム人が国籍別でダントツの第1位になっている。留学生の総数が増えれば問題を起こす者の数も増えるのが道理であるが、ベトナムの若者のモラル自体が低下しつつあるのではないかと懸念される。

これからの日越関係

この２０１７年は天皇・皇后両陛下のベトナム公式訪問だけでなく、我が国総理が1年に2度ベトナムを訪問されたという点でも画期的であった。安倍総理はこの年の1月にハノイを訪問したのに続き、11月にはＡＰＥＣ首脳会議出席のためにベトナム中部の中核都市ダナンを訪問した。その一方で、ベトナムは安倍総理の訪問の直前にベトナム共産党のトップであるグエン・フー・チョン書記長が中国を公式訪問しており、両国共産党間の友好協力関係を確認している。米国トランプ大統領の出方が不明な中でベトナムは中国との関係を悪化させないよう苦心しており、次章で述べるように、２０１７年1月までのオバマ大統領の時代に比べるとこれまでのところやや中国寄りに軸足を移しているように見受けられる。トランプ大統領は南シナ海の問題で一見強い姿勢を取るかのようにも見えるが、ベトナムとしてはフィリピンのドゥテルテ大統領が親中姿勢を示す中で、単独で中国に対峙する状況は避けたいであろう。日本としては、米中の間で揺れるベトナムに対して、領有権の問題ではしっかりと国益を守り、南シナ海の航行の自由を確保する立場を堅持するように働きかけていく必要がある。

3．チョン書記長の権力強化とベトナムの中国傾斜

２０１7年初頭以来、ベトナムの中国寄りの姿勢が一段と鮮明になっている。きっかけは同年1月のグエン・フー・チョン共産党書記長訪中である。この訪中では両国間で15本の協力協定が締結されたようだが、いずれも公表されていない。ネットで暴露された内容から見る限り、メディア規制手段を含め国民生活統制にかかわる諸分野で「中国がベトナムを指導する」という性格のものらしい。チョン書記長はもともとベトナム共産党内随一の理論派と言われた人物で、共産党一党独裁の堅持を標榜し、対外的には親中派の代表格と見られてきた。しかし、２０１6年1月の党大会まではグエン・タン・ズン首相という嫌中派の強力なライバルが存在したため、ベトナムの対外姿勢が中国に大きく傾くことは

なかった。むしろ、ズン首相が推進した親米・親日路線の方がやや優勢で、米国主導のTPP交渉に真っ先に参加を決めるなど、中国包囲網の一翼を担うのではないかと見る向きもあったほどである。

しかし、この党大会で「チョン書記長の留任、ズン首相の解任・政界引退」という驚天動地の決定が行われたことで潮目が変わった。これに拍車をかけたのがまずフィリピンにおけるドゥテルテ大統領の登場である。それまで、ベトナムは南シナ海の問題でフィリピンとともに対中けん制の軸になってきたが、同大統領が対中融和路線に大転換することで、ベトナムは梯子をはずされた格好になり、中国と単独で対峙するという厳しい局面に陥った。そして決定的なダメージとなったのが、米国におけるトランプ大統領の登場である。2017年1月、同大統領が就任早々に表明したTPP離脱方針はこの協定を軸に米越関係強化を図ろうとした親米派の目論見を破綻させ、安全保障面でも米国が頼りにならない状況が生まれるや、親中派が一気に巻き返しに出た。その後の展開は以下に詳述するように、チョン書記長主導の下、中国寄りの対外姿勢がますます顕著になる情勢である。

2017年11月にダナンで開催されたAPEC首脳会議は、こうした流れに拍車をかけたように見える。トランプ大統領の東南アジア安全保障戦略は不鮮明で、貿易不均衡の是正を要求するばかり。同月12日にハノイ入りして行われた同大統領とクアン国家主席（当時）の会談も中身の薄いものだったようだ。ところが、同じ日に隣の建物で行われた習近平国家主席とチョン書記長の会談は演出効果も相まって注目を集め、ベトナム内外に中越接近を印象付けた。何とも皮肉な一日である。

嫌中派の最後の抵抗

２０１６年夏、首都ハノイの西方に位置する二つの省でベトナム政界を揺るがす不可解な要人殺害事件が連続的に発生した。その第１弾がフート省に駐留する第２軍管区司令官の変死事件（非公表）である。第２軍管区は中国・雲南省と国境を接するベトナム北西部防衛の要となる部隊であり、１９７９年の中越戦争の際にはベトナム側の主力部隊として中国からの越境侵攻軍と戦った過去がある。しかし、１９９１年に中国との国交が正常化して以降は、中越関係改善の象徴的な存在として中国の人民解放軍と親密な関係を維持してきた。ところが、ズン前首相時代にこの部隊の司令官に嫌中派と見られる将軍が就任し、中国との協力関係にひびが入った。そうした中での司令官変死事件は当然ながら種々の憶測を呼んだが、何と、その直後に今度は隣のイエンバイ省の共産党トップである党書記と人民評議会議長（県議会議長に相当）の２人が相次いで殺害されたのである。こちらの事件の犯人は農業省のイエンバイ省森林警備支局長で、事件現場で自殺したとされている。この二つの事件は一見して無関係のようだが、司令官変死の真相を知っていた党書記と人民評議会議長が口封じの目的で殺され、森林警備支局長は利用されただけとの噂（根拠不明）が出た。事実、森林警備支局長は、党書記と人民評議会議長を銃身の長い猟銃で撃ち殺した後に同じ銃で自殺したとされるものの、弾痕が後頭部にあることから他殺説がある。こうして「犯人死亡」で事件全体が闇に葬り去られたようだ。

こうした折も折、公安省幹部学校長（中将）の爆弾発言がネットで拡散した。この校長は学内での講話の中で、「中国のスパイがベトナムで暗躍しているが、公安省はスパイ活動の全貌を把握しており、100人以上のスパイ・リストが作成されている」と驚くべき発言をし、その映像がどういうわけかネットで流されたのである。この校長も嫌中派の1人とされ、この事件後、ただちに解任されている。さらに、2018年7月には「国家機密規則違反」の嫌疑で副大臣クラス以下数名の公安省幹部が処分されているが、何とも謎めいた話である。

もう一つ、2017年5～6月の国会の会期で、安全保障問題をめぐる質疑の中、多くの議員が党・政府の指導の下でベトナムの安全が良好に保たれているとの礼賛発言を行ったのに対し、ホーチミン市選出の一議員が異議を唱え、南シナ海における中国の人工島建設に触れて、「ベトナムの安全が脅かされている」と訴えたという。3年前までのズン首相時代には当たり前であった南シナ海問題への言及が今では言い出しにくい雰囲気になっているようであり、この問題にかかわる反中デモも禁止になったと聞く。第1部34でふれたように、2018年6月、国会における経済特区法案審議をめぐって事実上の反中デモが発生しているが、デモ参加者1000人以上が逮捕された。明らかに中越関係を取り巻くベトナムの内政状況は変化しているように思われる。

要人の相次ぐ汚職摘発の裏事情

2017年10月にハノイで開催されたベトナム共産党中央委員会総会で、グエン・フー・チョン書記長は反腐敗運動を一段と強化することを明らかにした。驚いたのは、その際、直前にダナン市の共産党トップであるグエン・スアン・アイン書記が業者からの収賄の嫌疑で解任された事実に触れ、「これは見せしめである」と言い放ったことである。アイン書記の父親は元共産党政治局員であったグエン・バン・チー氏（元党中央検査委員会委員長）で、中国風に言えば「太子党」の中心人物である。ダナン市では「市長」に当たるフイン・ドゥック・トー人民委員長も同じ事件に絡んだ嫌疑で解任されている。翌11月のAPEC首脳会議の開催地であったダナン市のナンバー1とナンバー2が直前に同時解任されたのであるから、ベトナム政界に激震が走ったのは当然である。

実は、チョン書記長による汚職腐敗撲滅への強い決意は、２０１７年5月、南部最大の都市・ホーチミン市の共産党トップであったディン・ラ・タン書記（政治局員で前交通運輸大臣）がかつてベトナム石油公社（ＰＶＮ）の会長を務めていた時代（２００９〜１１年）の乱脈経理問題の責任を問われて突然解任された時に明らかとなった。ホーチミン市党書記就任後わずか10カ月でのトップ解任は異例である。（関連の汚職事件2件に絡み、２０１８年には、それぞれ禁固13年及び禁固18年の有罪判決が下されており、同年6月には上級審において減刑請求も棄却されて、上記判決が確定している）。このベトナム石油公社をめぐる問題は、同公社の公金口座が開かれていたオーシャンバンクを巻き込んだ大事件に発展し、当時の両社幹部多数が起訴された。その上で、２０１７年9月には、グエン・スアン・ソン元ＰＶＮ会長に死刑、オーシャンバンクのハー・バン・タム元会長には終身刑が宣告されている。判決によれば、原油の輸出価格を操作して日本円で数百億円に上る裏金を作り、これを関係者の間でばらまき、石油公社に多大な損失を生じさせたというものである。ベトナムでは被告側の言い分が全く報道されないので、事の真相は定かではないが、いかにもありそうな不正である。

これらの事件の他にも、２０１７年5月に、台湾の製鉄会社フォルモサ・ハティン鉄鋼の廃棄物汚染問題の責任を問われて、共産党のハティン省トップであるボー・キム・ク書記が解任（党員資格をはく奪）されており、同年9月には、家族の引き起こしたがん特効薬偽造品輸入問題をめぐってグエン・ティ・キム・ティエン保健大臣にも嫌疑が及び、解任の危機に瀕した。

ベトナムでは、「どんなに健康な人でも医者に行けば問題の一つや二つは見つかる」との表現で、党・政府高官の汚職腐敗が広くまん延し「身が完全に潔白な政治家はいない」と揶揄される。中国でもそうだが、共産主義国家における反腐敗運動はしばしば権力闘争と表裏一体の関係にある。そのため、2017年初来の一連の党幹部の解任については、ズン前首相に連なる人物がターゲットにされているのではないかとの噂が絶えない。事の真偽は不明だが、結果として、ズン首相在任中（2006～16年）に引き立てられ、「ズン派」と呼ばれた人物が次々と失脚しており、同人の影響力は今や限りなく小さくなっているように見える。この余波がこれからのベトナム最高指導部人事にどう及んでくるのかは要注目である。

コロコロと変わる次期書記長候補

ベトナムの最高指導部人事といえば、当面最大の関心はグエン・フー・チョン共産党書記長の去就とその後任選びである。同書記長は2016年1月の党大会で、大方の予想を覆して書記長に留任した。ベトナムにも党の内規として幹部ポストへの任命に関する年齢制限があり、最高幹部の場合でも68歳を超えてはならないとされてきた。しかるに、チョン書記長（北部出身）は先の党大会において71歳で書記長に再任された。誠に異例のことである。当時言われたことは、書記長ポストを狙うズン首相（南部出身）の「野望」を阻止し得る人物はチョン書記長自身しかおらず、そのためしかるべき書記長候補が見つかるまでの間（2~2年半）の暫定措置として同書記長が留任するというもので、言わば特例人事という扱いだった。チョン書記長自身も再任後の記者会見でその趣旨の発言をしていた。ところが、それから3年近くがたった今、書記長は２０２1年1月までの5年の任期を当然に全うするという雰囲気になっている（任期満了時には76歳）。これはなぜか。

グエン・フー・チョン書記長

一つは、北部出身の政治家の中に、広く党内の支持を得られそうな次期書記長候補が見えてこないことがある。3年前の党大会当時は、党中央教育宣伝委員会トップのポストから党書記局常務（幹事長）に横滑りしたディン・テー・フィン政治局員が有力候補と噂されたが、その後、同人の言動をめぐって党内からいろいろと批判の声が出たようで（譴責《けんせき》処分がとられたとの情報もある）、最近は「病気療養中」（精神疾患？）ということもあって同人の噂をとんと聞かなくなった。２０１８年には党幹部ポストからも解任され、すでに政界から引退しているらしい。これと入れ替わるように後任候補として噂され出したのが北部ニンビン省出身のチャン・ダイ・クアン国家主席だった。しかし、同人には健康不安説に加えて年齢制限の問題があり、これが引っ掛かっていたようだ。２０１６年の党大会時点では１９５６年生まれの59歳と公表されたが、実際は１９５０年生まれで、２０１８年時点で68歳になるのではないかというのである。事の真相は不明だが、昨年7月末からの約1カ月にわたり、公の場に一切姿を見せない時期（この間、日本で入院療養していた趣）があり、これが噂の発端にもなっている。クアン国家主席は２０１８年5月末に国賓として訪日していたが、一瞥する限りあまり健康そうには見えず、事実、２０１８年9月21日に入院先の病院で死去している。ただ、死去の前2週間以内に日本の杉良太郎特別大使と会見し、２日前にはＴＶで演説しており、「不可解な死」として今後憶測を呼ぶかもしれない。

こうした中、最近、有力候補として党書記局常務のチャン・クォック・ブオン政治局員の名前が取りざたされるようになった。前職は党中央検査委員長で、このポストは中国共産党で王岐山氏が担っていたのと同じ汚職摘発組織の責任者というものであり、先述のように、グエン・フー・チョン書記長の反腐敗運動が強力に展開される中で、同書記長の信頼が特に厚い人物に与えられるポストである。ベトナムの政治家が皆それぞれに脛にキズがあるとすれば、ブオン氏に逆らうのは得策ではなく、仮に同人が書記長に推された場合、裏事情を知る同氏には反対しにくいのではないかとの見立てである。現在は書記局常務に昇進しており、その存在感は増している。ただ、次の党大会まで2年以上あることを考えれば、果たして何が起きるかは分からない。２０１８年10月、クアン国家主席死去の10日後、共産党はチョン書記長による国家主席兼務を決定、その後国会が承認している。想定外のことが起こるのがベトナム政治の常である。

もう一つ、チョン書記長が5年の任期を全うするのではないかと見られる理由がある。それは、ベトナム共産党の最高ポストが基本的に北部出身者の牙城とされていることと関係する。このために南部出身の有力政治家（現政治局員のグエン・ティ・キム・ガン国会議長、グエン・ティエン・ニャン・ホーチミン市党書記など）が書記長ポストを狙う芽を完全につぶしておく必要がある。先述のようにズン前首相の人脈が一人また一人と順次排除されつつあるように見えることも、このことと無縁ではない。北部vs南部の懸隔は戦後ベトナムの宿痾《しゅくあ》である。

フック首相とミン外相の微妙な立ち位置

グエン・スアン・フック首相（共産党内序列6位）は、2016年4月に就任して以来の2年半、職務を無難にこなしているように見える。前任のズン首相のようなカリスマ性はないが、かつて官房長官、副首相の要職を粛々と勤め上げてきたように、能吏のような着実な仕事ぶりに持ち味がある。中部クァンナム省の出身で、北部VS南部の問題からも距離を置いている。私がハノイに在勤していた当時はズン首相の官房長官として最側近の1人であったが、先の党大会の前後に風向きを読んで身を翻し、今ではチョン書記長に忠誠を誓っているように見える。ただ、日本には何度も来ており（直近の訪日は2018年10月）、経済面での対日関係の重要性は十分承知しているはずである。良く言えば「バランス感覚のある人」であり、悪く言えば「風見鶏」というところであろうか。

外務大臣であり政治局員でもあるファム・ビン・ミン氏（共産党内序列13位）は影の薄い人である。父親はグエン・コー・タック元外相であり、筋目は申し分ない。私は、ミン氏が外務次官であった当時にゴルフをともにするなど若干の接触があったが、笑顔を見せることなく、ただただ生真面目な外務官僚という印象であった。彼に問題があるとすればそれは中国との関係であろう。父親であったタック元外相は中国との折り合いが良くなかった。このため、中国は、ミン外相は（外務次官当時に北米担当であったことも相まって）米国寄りの外交をするのではないかと警戒したようである。しかし、過去2年半近くのベトナム外交を見ると、チョン書記長の指導力が勝っており、ミン外相はその忠実な執行者という範囲に収まっている。中国の警戒心もよほど緩和しているのではないか。

このように見てくると、日越関係に関する限り、フック首相もミン外相も独自色をことさらに出すこともなく、ニュートラルな立場をとっている。それだけに、日本政府にとっては、地域の安全保障問題で両人に強くアプローチしても、時として「暖簾に腕押し」の感があるのではないか。すべては党政治局、つまりチョン書記長次第ということのように思える。

APEC首脳会議後のベトナム

2017年11月、ベトナム中部のダナン市でAPEC首脳会議が開催された。1998年にベトナムがAPECに加盟して以来、2006年のハノイ会議に次いで2度目の首脳会議開催である。21カ国・地域のメンバーのうち首脳会議を3度開催した国・地域はないから、後発組とは言えAPECにかけるベトナムの熱意が感じとれる。私が見るところ、北に隣接する超大国に対峙するベトナムにとって、ASEANなどの地域協力の枠組みは国家安全保障政策の重要な一部を構成している。ベトナムが重要国際会議の招致に熱心なのも、こうした事情と無関係ではないのではないか。

それはともあれ、この時の首脳会議に安倍総理と並んでトランプ大統領、習近平国家主席、プーチン大統領ら世界の指導者の出席を得、チャン・ダイ・クアン国家主席（当時）あるいはフック首相がそれぞれと個別に首脳会談まで開催できた意義は大きい。安倍総理は50分に及ぶクアン国家主席との会談で南シナ海の問題とともに北朝鮮問題にかなりの時間を割いたと伝えられる。ただ、北朝鮮と外交関係を有し共産党同士の誼《よしみ》を通じるとは言え、日朝関係をめぐってベトナムが何らかの関与をなしうる余地は甚だ限定的であろう。ベトナムと米中両国の首脳会談も、冒頭に述べたように、結果としてベトナムの中国傾斜を印象付けている。

なお、この時のＡＰＥＣ首脳会議の成果については、いろいろな意見・評価があろうが、私個人は裾野産業の育成・振興にいくばくかのスポットライトが当たったことに注目している。首脳宣言の中で一つのパラグラフがこれに充てられている他、世耕経産大臣が出席した２０１７年5月の貿易大臣会合でも議論され、高級事務レベルに対して裾野産業振興政策ガイドラインの策定が指示されている。私がベトナム在勤中にベトナム政府要人に再三強調したのがこの問題であり、10年遅れとは言えベトナムを議長国とするＡＰＥＣ

の会議で認識が共有されたことは嬉しい限りである。

２０１８年は日越間で外交関係が樹立されて45周年。これを記念して両国間でさまざまな文化・交流行事が開催されたが、グエン・フー・チョン書記長指導下のベトナムとの関係強化には今後とも細心の配慮と叡智が求められる。前年、習近平国家主席はＡＰＥＣ首脳会議からの帰路、11月12日にハノイに立ち寄り、チョン書記長と会談している。その際、両者は包括的戦略協力関係の強化を確認し、中国からは向こう3年間で総額6億元（約１００億円）を超える無償援助の提供を約束している。ベトナム外交はしたたかであり、一筋縄ではいかない。

4．ベトナム中部地域の戦略的重要性と中核都市ダナンの発展

ベトナムは日本列島に似て南北に長い国である。しかし、日本との違いは首都・東京が列島のど真ん中に位置するのに対し、ベトナムでは首都ハノイが国土のほぼ最北端にあり、最大都市ホーチミン市が南部にあって、中部が「空洞」のようになっていることである。5世紀頃から１０００年の間、この中部地域一帯に「チャンパ（林邑）」と呼ばれた

チャム族の国があって、一時期はハノイにあったキン（ベトナム）族の歴代王朝を脅かすほどの強勢を誇った。近世に入って、「チャンパ」は北から南下したベトナム（越南国）に滅ぼされ、チャム族自体も多くが東南アジア各地に離散逃亡して、今日ではわずかの人々が少数民族として生きながらえているに過ぎない。19世紀にはベトナム初の統一王朝であるグエン朝の都が中部のフエに置かれたが、１５０年後の20世紀後半になるとベトナムは南北に分断され、中部地域はその境界に位置することになって、この地域は主戦場と化し経済発展から大きく取り残された。南ベトナムにとって最北端に近い街であったダナンは北ベトナムを睨む米軍の戦略的要衝となり、ベトナム戦争末期の１９７４〜７５年には激戦が展開されて街は完全に破壊された。今でも中部地方を訪問すると戦争の爪痕が各地に残されており、地雷の除去が進んでいない地域も多い。

しかし、近年になって、この中部地域がにわかに脚光を浴びている。一つには経済・観光開発が急速に進展していること、そしてもう一つは、ベトナム最大の軍港であるカムラン港やダナン港の戦略的な重要性が高まっていることである。ベトナムの地形を地政学的に見ると、中部地域はまるで太った人間の腹のように南シナ海に突き出ており、ダナン市はその「へそ」の位置にある。私がダナンを最後に訪問したのは２０１８年8月であるが、この時の見聞も含めて従来あまり注目されることがなかった「ベトナム中部」に着目して、その近況を見ることとしたい。

ベトナム中部の戦略的位置付け

ベトナム中部の最大都市ダナンは人口106万人(2017年)、ベトナムに五つある政府直轄市の一つであり、近年、著しい経済発展を見せている。南シナ海に浮かぶベトナム領有の島々(南沙諸島)は行政上はダナン市に属する。この街が重要なのは地政学的にベトナム中部を抑える中核都市であることに加え、ベトナム第3の規模を誇るダナン港(軍民共用)を擁することで、ベトナム海軍の拠点港の一つにもなっていること、また、西に向かってインドシナ半島を横断する幹線交通ルート・東西経済回廊の東の起点になっていることなどである。ダナン国際空港も整備・改善が進み、国際便の発着件数も急速に増えている。

また、近年、中国が南シナ海において人工島と3000メートル級の滑走路を急ピッチで建設し既成事実化を図る動きを見せ、これに対するASEAN諸国の懸念や日米両国の反発が強まる状況の中で、ダナン港及びその南方350キロの位置にあるカムラン港(カインホア省)の持つ軍事的意味合いに国際的な関心が集まるようになっている。特にカムラン港については、2016年4月に海上自衛隊の護衛艦2隻、翌5月に掃海艇2隻がそれぞれ寄港している。これに続いて、同年10月に米国太平洋艦隊の艦船2隻（ミサイル駆逐艦、潜水艦母艦）及び中国海軍の艦艇3隻が、翌11月には豪州海軍のミサイル駆逐艦1隻が相次いで寄港するなど主要国の動きもあわただしくなっている。中でも2018年3月、米空母カールビンソン（乗員6500名）が米空母として初めてダナン港に寄港したことは大いに注目される。ベトナム海軍も最近ロシアから購入した改良型キロ級潜水艦をダナン港及びカムラン港にそれぞれ配備している。

そもそも、ベトナム海軍は全土に五つの地域司令部を配置し、ダナン港に第3艦隊、カムラン軍港に第4艦隊を配備している。南シナ海を睨んでいるのはこの二つの艦隊で、第3艦隊は西沙諸島他を、第4艦隊は南沙諸島他を所掌している。ただ、戦力としては未だ弱体で、海軍全体で上述の潜水艦（2017年末に潜水艦艦隊を編成）の他は、駆逐艦7隻（近くロシアからゲパード級駆逐艦数隻を購入予定）、護衛艦11隻、巡視艇23隻、掃海艇8隻、水陸両用艇5隻などが配備されているに過ぎない。ベトナムが世界で20位の軍事力を有すること（グローバル・ファイアーパワー発表「世界軍事力ランキング2018」）から見れば、海軍力強化がベトナムにとっての最優先課題であることは明らかである。こうした事情から、日本政府は数年前からODAによる巡視船の供与を実施しており、米国も2016年5月のオバマ大統領訪越時に「海洋安保イニシアティブ」として4億250

0万ドルの支援に踏み切っている（このうち、ベトナム海上警察に対する高速巡視艇「45ディファイアント」18隻の供与については2018年に引き渡しが完了している）。ベトナム海軍にとってのもう一つの問題は、保有艦船の老朽化である。艦艇の大半が旧ソ連製（一部ロシア製）であり、それ以外は水陸両用艇のうちわずかに1隻が米国製という状況である。当面これらの近代化が急がれており、即戦能力の強化も必要である。同時に、外国製兵器の独自補修整備能力の向上や一部兵器の国内開発・製造も課題になっている。ベトナムは今、中国と陸続きである最北部の国境線を防衛するという歴史的トラウマ（陸軍重視路線）から脱しようとしている。

ベトナム中部地域の戦略的重要性については、南シナ海をめぐる国際的な角逐が一段と大きな臭さを加えていく中で、ベトナム内外においてさらに認識されていくであろう。特に、ダナン港とカムラン軍港は西沙諸島・南沙諸島を睨む要衝に位置しており、地域大国の艦船の動きが目まぐるしくなるのではないか。そうした中、オバマ大統領（当時）が2016年の訪越時に発表したベトナムへの武器輸出の全面解禁は、特に重要な意味を持つ。この米国方針がトランプ政権でも引き継がれていることは、2018年1月のマティス国防長官の訪越時に確認されている。ベトナムの軍事費は増大基調にあり（2017年は約34億ドルでGDPの1・5％）、今後数年以内にインドネシアに次ぐ東南アジア最大級の軍事力を持つに至ることは確実である。ベトナムの「悲願」である米国製兵器の大量調達が行われる日も遠くないかもしれない。すでに、米国による軍事訓練支援、合同洋上演習が行われており、無人機による南シナ海の偵察についてもベトナム側の能力強化に協力していると伝えられる。

第3の経済圏となるベトナム中部諸省

今、ダナン及び同市の南に隣接するクァンナム省（人口148万人）を中心とするベトナム中部は、ホーチミン市及びハノイ市を中心とする南部または北部の経済圏に次ぐ第3の経済圏として急成長しつつある。2014〜16年の3年間における工業生産高の対前年比の増加率を見ると、ダナン市が11・0%↓13・1%↓13・2%、クァンナム省が5・3%↓35・0%↓28・2%となっており、2014年のクァンナム省の例を除き全国平均を大きく上回っている。かつて、この地域は南北ベトナムの境界線近くに位置し、ベトナム戦争末期に主戦場となったために経済基盤が徹底して破壊され、多くの地雷が埋設されたままであったことなどから、1975年の統一後も経済発展から取り残され、言わば「過疎地」として21世紀を迎えたのである。ベトナムは鉄道網、道路網の整備が遅れた上に港湾の整備も進まず、中部一帯は南と北の二大経済圏から遠く離れた「アクセス困難地域」であった。しかし、最近になって、この「過疎地」がにわかに注目されることになった。その最大の要因が、ダナンを東の起点とし、ラオス、タイを通過してミャンマーまでつながる「東西経済回廊プロジェクト」が動き出したことである（ダナン市から西方ラオス国境までは100キロ以内）。ASEANのコネクティビティ発展事業の一環として位置付けられたこのプロジェクトに対しては、日本政府も全面的に後押しした。これによってメコン地域を一つの大きな経済圏として発展させることが可能になりつつある。一種の流通革命であり、南シナ海に面したダナンからインド洋に面したミャンマー沿岸地域を陸路で結べば、マラッカ海峡経由の海上輸送の代替手段にもなるのである。今ではダナン国際空港の拡張（新ターミナル建設）に加え、ダナン海港（水深11メートルの深水港で、商業港としてはサイゴン港、ハイフォン港に次いでベトナム第3位）の整備事業も日本のODA（2000〜08年に総額107億円の円借款を供与）を活用して進展し、同じく日本のODAによる高速道路網の建設も続いている。また、米国シリコンバレーのベトナム版と言われる「ダナンITパーク」の開発も要注目である。今や、ダナン市は63あるベトナムの全省市の中で最も経済的競争力のある地域の一つと評価されている。

こうした状況から、日本企業のダナン進出も相次いでいる。私がベトナムに在勤していた当時は、日系企業数は30社ほど（唯一の大手企業が2005年に進出したマブチ・モーター社）であり、独自の商工会を持つことなく、ハノイ商工会の傘下団体のような位置付けであった。ところが、現在はダナン市内だけで153社（2018年6月時点）に増え、特に郊外のホアカイン工業団地やホアカム工業団地には日本企業が集中的に進出している。累積の投資額は700億円を超える。特に、2018年前半には16社の進出があり、その中には20億円規模の投資を行った企業が2社含まれる。ベトナム中部地域はホーチミン市やハノイ市に比べれば未だ土地代も安く労働者の賃金も低いので、交通の便さえ良くなれば魅力的な投資先なのである。2016年末時点での累積外国投資額はダナンが44・0億ドル（450件）、南に隣接するクァンナム省が57・6億ドル（151件）であり、今後、まだまだ内外投資が増える余地がある。ちなみに、日本はダナンへの投資額でシンガポールに次いで第2位、進出企業数では第1位になっている。

なお、近年、この地域が東南アジア第一級の海浜リゾート地としても脚光を浴びていることに触れておきたい。ダナンの南北には10キロ以上の美しい海岸線が広がっており、これに着目した超高級リゾートホテルや別荘風マンションの建設ラッシュが続いている。欧米の旅行雑誌は相次いで「ダナン特集」を組んでおり、街はずれのソンチャ半島の山の斜面に数年前に建設されたインターコンチネンタル・サン・ペニンシュラ・リゾートなどは東南アジア最高級のリゾートホテルと評価されている。筆者も2016年に1泊したが、景観といい施設といい桁外れの豪華さであった。このリゾートホテルを建設したベトナムのサン・グループは、前述（第1部42）の「サンワールド」という巨大なアミューズメント・リゾートもオープンさせており、連日ベトナム内外からの観光客でにぎわっている。

２０１６年10月にはダナン市が「アジア太平洋最高のイベント開催地」としてワールド・トラベル・アワード（ＷＴＡ）を受賞し、２０１７年秋にはＡＰＥＣ首脳会議が開催されている。また、ダナンの場合、日帰りが可能な１００キロ圏内に古都フエや日本人になじみの深いホイアンの町をはじめ多くの観光名所（ユネスコ世界遺産）を有しており、日本、中国、韓国などからの直行便も運行されるようになった。現在、外国の航空会社16社が乗り入れていることもあって、外国人観光客が著増している。２０１４年に入って成田や大阪からもベトナム航空・ＡＮＡが共同運行便を飛ばしている。ダナン市観光局

サンワールドを訪れた著者夫婦

が最近発表した２０１７年の同市訪問者数は対前年比19％増の６６０万人、うち外国人観光客数は何と36・８％増の２３０万人だという。人口１００万人の都市としては大いに注目される数字である。

ベトナム中部2省1市は人材の宝庫

ベトナム通の間でも意外と知られていないのが、ベトナム中部諸省が教育熱心なことである。特に、ダナン市とその北に位置するかつてのグエン朝の都フエ市は、ベトナムでも有数の高等教育機関を有する。私の手元に２０１６年9月末時点での省市別大学生数のデータがあるが、ダナン市が7万４９３５人、フエ市が5万８７０６人で、それぞれベトナムで第4位と第5位である。このうち、ダナン市に限っても大学と短大が24校、専門学校が19校あり、街の規模からすれば異様に多い。私が在勤中に訪問したダナン外国語大学とフエ外国語大学の日本語学科の教育レベルは、ハノイや南部ホーチミン市の日本語教育水準に照らして全くそん色がないと感じられた。実は２００６年、ベトナムで最初に中学校の授業で日本語を第二外国語として教育カリキュラムに組み込んだのも、ダナン市の学校2校である。もちろん、ベトナムでは人口が各々８００万人を超えるハノイとホーチミン市に優秀な高等教育機関が集中する傾向があり、学生数もそれぞれ61万人と46万人と圧倒的に多いが、そうした中でのダナン市やフエ市の健闘ぶりは光っている。近年、ダナン市の大学でのＩＴ教育強化が注目されているが、実際のところベトナムは理数科目の教育に熱心である。私が特に注目しているのが高校生を対象にした国際数学オリンピックと国際物理オリンピックの成績であるが、ベトナム人高校生５人は毎回のように金賞・銀賞を獲得しており、日本の高校生より優秀な成績を収めている年もある（第1部14参照）。そうしたベトナム代表の中にはベトナム中部の高校生がしばしば含まれている。広く東南アジアを見渡しても、上記のオリンピックでベトナムと同水準の成績を収めているのはシンガポールのみである。国際ロボットコンテストでもベトナムチームは毎回優秀な結果を出しており、日本の強力なライバルになっている。ＩＴソフト開発等のアウトソーシング・ビジネスで、ベトナムはフィリピンやインドを超え世界一の実績を誇るという統計もあり、ベトナムを代表するＩＴ企業のＦＰＴ社（日本国内各地に7つの事業所を有する）は日本企業を最大の顧客としている。

ところで、上述したように、２０１6年4月に首相に就任したグエン・スアン・フック氏はベトナム中部クァンナム省の出身である。ベトナムでは伝統的に共産党書記長は北部から、首相は南部から選ばれるのを常としてきたが、今回、中部出身の政治家が首相に選出されたのは驚きであった。実は、２０１５年の段階で次期首相候補の1人と言われた人物もダナン市の党書記を務めていた政治家であったが、病により党大会前に急死した。ベトナムで「中部」と言う時はハノイ南方のゲアン省やハティン省まで含み、これら2省はフランス植民地時代から抵抗運動・独立闘争の拠点となり、かのホー・チ・ミン国家主席もゲアン省の人であった。さらに遡って、18世紀後半から19世紀前半にかけて、ベトナム全土の統一王朝が樹立されるまでの動乱期を見ると、その震源地は常にベトナム中南部（フエ市以南）にあり、尚武の気風が強い地域として知られる。今でもベトナムで武道が最も盛んなのはこの地域である。今後は政治面でも「ベトナム中部」から目が離せない。

注目すべき日越間の人的交流の急拡大

さて、最後に、日本とベトナムとの関係全般についてひと言触れておきたい。ここ数年の日本とベトナムとの関係発展を見る時、特に注目されるのがベトナムからの技能実習生や留学生の数が驚異的なペースで増大していることである。中でも技能実習生については、つい数年前までは中国人が圧倒的多数を占めていたが、今やベトナム人実習生の数がそれを追い越し、２０１８年6月末にはダントツの第1位（13万人規模）になっている（第1部12参照）。留学生の数も、法務省の出入国統計によれば、同じ時点で8・1万人を数え、中国人に次いで2番目に多い。

こうした状況をベトナム側から見ると、年間13〜14万人ほど海外に新規派遣される労働者のうち日本に派遣される若者の数は２０１７年の推計で約5万４０００人に達し、最大派遣先の台湾（6万３０００人）に次いで2番目に多くなっている（但し、２０１８年には日本と台湾の順位が逆転している可能性がある）。ベトナムから海外に留学している学生の場合は、２０１６年11月の時点で13万人と発表されているが、留学先の第1位が日本であり、全留学生数の30％を占めている（ベトナム側統計は語学留学生を含んでいないが、日本側統計は日本語学校に通う学生数を含んでいるので両者の統計は一致しない）。ベトナム人の海外留学といえば、20世紀初頭はフランスで、共産主義革命後はソ連・東独であった。ベトナム戦争が終結した後は、米国・英国への留学が増え始め、21世紀に入ると日本と豪州がお気に入りの留学先になっている。ベトナム人学生の海外留学先を見ると、この国の対外関係の変遷が読み取れる。

なお、日本からベトナムへの人の流れの場合は、企業駐在員数の漸増を背景にベトナム在留邦人数は２０１７年10月時点で1万７２２６人に上る。観光目的を含むベトナム訪問者の数も２０１７年に初めて70万人の大台に乗り、２０１８年は80万人近くになると見込まれている。ベトナム観光といえば、圧倒的に中国人と韓国人が多い（２０１８年の推定で各々５１０万人と３４０万人）、欧米人の数も結構多く、２０１８年の訪問者総数は１

600万人を超えるのではないかと予想されている。今、ベトナムには国際的に見ても熱い視線が注がれている。

5. 日本の過去と台湾の未来

台湾の6月は驚くほど蒸し暑い。北回帰線の上空から熱線を直射するように照りつける強烈な太陽、それでいて雨にたたられる日も多い。この季節は当然ながら外国人観光客も減少する。しかし、2017年、私はあえてこの時期を選んで台北―高雄―台南への3泊4日の旅を敢行した。かつて瘴癘《しょうれい》の地とされた南国熱帯の島「高砂国」を体感したいがためである。

台湾を訪れるのは、この時が初めてである。外務省に40年以上奉職したが、日本と外交関係のない台湾の地を踏む機会はなかった。九州ほどの大きさの島に2300万人以上の人が住み、立派に経済を発展させているが、「中国の一部」という政治的呪縛によって外交的には「国」として存在していない。しかも、日本にとっては、太平洋戦争終結までの50年間、この地を植民地化し、日本人同胞としての契りを結びながら、今では（少なくとも政治・外交的には）他人のようなそらぞらしい関係にある。多くの日本人が台湾に寄せる思いは、過去の歴史に絡む苦い感情と特別の親近感であろうか。私は、台北や台南の街を歩き台湾総督府時代の建造物や神社仏閣に出くわすたびに、そこここを隊列行進する軍服姿の日本人の幽鬼を見る思いがした。

1895年、日清戦争後の下関条約で日本に割譲された台湾は、当時の清朝政府にとっては言わば「化外《けがい》の地」だったという。文化の及ばざる未開の地という意である。割譲された側の明治日本にとっては、気が遠くなるほどの大きな課題を背負い込んだ。自国の開発すらこれからという時に「化外の地」にどう向き合うのか。一方で当の台湾人の側も、本土から何の断りもなく突然に見捨てられたようなもので、その心境は甚だ複雑であったろうと推察される。日本人入植の初期は反日蜂起が絶えなかったようだが、むべなるかなと言わざるを得ない。ただ、明治日本の痛快なところは、この未開の地の開発・近代化に自国に対する以上の情熱を傾けたことではないか。歴代総督の中でも特に第4代児玉源太郎（後に日露戦争で勇名をはせる）の時代は、民政局長に後藤新平を起用して台湾の経済発展・財政自立の基礎を築くことに成功した。新渡戸稲造が殖産局長として製糖業の育成・発展に活躍したのもこの時期である。とにかく戦前の日本は台湾統治のために選りすぐりの人材を派遣し続けた。才能ある者は台湾をまるで「実験場」のように、行政・司法からインフラ整備、農業・産業の分野に至るまでそのあふれる能力を開花させた。今なお台湾で日本統治時代を評価する声があるのは、彼ら先人の奮闘の賜物と思われる。

日本統治の足跡

台湾には日本統治時代の足跡が色濃く残されている。その最たるものが現在の総統府の建物で、これはもともと日本総督府として1912年に建てられたものである。堂々たる建築物であるが、それが破壊されることなくそのまま使われている。各地に点在していた神社も、忠烈祠に様変わりして今なお参拝の対象になっているところが少なくない。台南の駅舎はそのまま保存されている。台北ではガイドから、東本願寺と西本願寺の所在した場所を案内された。

日本統治時代の個々の日本人が今でも慕われ紀念されている事例もある。台南東部の山間に巨大な烏山頭ダムを建設した八田與一《はったよいち》の銅像はその代表例であろう。八田はダムだけでなく総延長1万キロ以上に及ぶ農業用水路も建設しており、今日、嘉南平野一帯が台湾の一大農業地帯に発展しているのは八田の功績によるものである。先般、不心得者によって銅像の首の部分が切断される事件が発生し日本でも大きく報道されたので、八田與一の名前が再び注目された。今回の旅行では同じ台南市の延平郡王祠において羽鳥又男《はとりまたお》（日本統治時代最後の台南市長で軍部の反対を押し切って地元文化財の保存・修復に尽力）の胸像に出会った。日本ではほとんど無名と言ってよい人物であるが、台南では徳人として今なお尊敬されているようである。なお、延平郡王とは鄭成功のことで、彼は中国の明朝末期から清朝初期の時代に台湾に拠って清朝打倒に奮闘した傑物である。台南に拠点を築いていたオランダの勢力を駆逐したことでも知られる。鄭成功の母親は日本人で、祠にはその肖像画も複数展示されている。台湾には、上述した八田、羽鳥の2人の他、後藤新平、浜野弥四郎（上下水道の整備など衛生環境の改善に寄与した人物）の像も存在するようである。

嘉南平野に触れたので、ここで台湾新幹線のことを紹介したい。この新幹線は台北の北の南港駅から高雄近郊の左営駅まで台湾西部を３６０キロにわたって縦断している高速鉄道で、11年前の２００７年に開業している。日本の技術支援が行われ、車両は日本製である。乗り心地は日本の新幹線と変わらない。私は台北駅から左営駅まで乗車したが、所要時間は2時間14分（途中停車がなければ1時間半）、料金は１９５０ＮＴ＄（約７４００円）であった。日本の車両と違うのはグリーン車がない反面、二等車両があること。通路を挟んで左右に2席が並んだ普通車両は、前後の座席の間隔が日本の場合より若干広く感じられた。コーヒーや新聞は無料サービス。これはちょっと嬉しかった。

蒋介石の功罪

台湾における蒋介石の評価は功罪相半ばするようである。１９４９年、本土での国共内戦に敗れ、１００万人以上の「外省人」とともに国民党政府を台湾に持ち込んだ。その後、台湾における治世は１９７５年に死去するまで四半世紀に及んだが、この間は一貫して戒厳令が敷かれ、非民主的な統治が続いた。今日の台湾において彼の評価が低いのは、国民の大多数を占める本省人を二級市民扱いし、行政を外省人でほぼ独占するような統治スタイルをとったことに起因するように思われる。孫文以来の三民主義を標榜する中華民国の元首でありながら、民主主義も自由も人権も存在しない政治体制を敷いたことは、本省人からすれば「犬が去って豚が来た」の言葉に象徴されるように、占領者が日本から国民党に取って代わり状況はさらに悪くなったように見えたであろう。私はこの時の旅行において市内中心部にある広大な自由広場を訪れ、１９８０年に建設された中正紀念堂を見学したが、その建築物の巨大さと豪華さにやや呆れた。２００７年、民進党政権が誕生した時に、蒋介石崇拝の影響力を除去するために、一時、この紀念堂の名称を台湾民主紀念館に改めたという。人口稠密《ちゅうみつ》な台北市内の超一等地にこれだけの大規模施設を設けておく意味があるのかは、台北市民の目線で見ると大いに疑問であろう。

蒋介石については、太平洋戦争後に台湾への施政を回復した際、国民党政府の現地行政長官として無能で貪欲な陳儀を派遣した「任命責任」も問われている。１９４７年、憲兵隊による暴力的支配に抵抗してデモを展開した一般市民に無差別の発砲が行われ、本省人エリート層も一斉逮捕されて、獄死した者を含めると2～3万人が犠牲になったという。いわゆる「2・28事件」がそれであるが、この事件は国民党による台湾統治最大の汚点とされるもので、１９８９年に侯孝賢監督が映画化した『非情城市』（ヴェネチア国際映画祭で金獅子賞受賞）で世界的にも知られるところとなった。直木賞作家の邱永漢氏は当時の学生運動のリーダーで日本に亡命した台湾人の一人である。

蒋介石元総統

蒋介石は、国共合作によって中国に進駐した日本軍と闘った中心人物であるが、若き日に日本の兵学校で学んだ知日派であり、戦後は米国等にならって賠償を請求しない立場をとるなど、日台関係の発展にも尽力した人物として日本では相応の評価を受けている。吉田茂や池田勇人らとも親交を結んでいる。しかし、台湾国内での評価は微妙で、「歴史の審判待ち」というところかもしれない。

「高砂族」と呼ばれた原住民族

台湾には日本統治時代に「高砂族」と呼ばれた原住民族がいる。名前は高貴だが、オーストロネシア系の蕃人《ばんじん》で、「首狩り族」が多かったようである。その人口は55万人程度と言われ、今では全人口の2％程度を占めるに過ぎない少数民族だが、17～18世紀に中国南部（福建・広東省）から本土人が移住して来るまでは台湾の独占的な先住者であった。「高砂族」の大半は山地人で、台湾島の東側半分を占める険峻な山岳部（最高峰の玉山は3900メートル超）で主に狩猟生活を営んでいたようである。彼らの中には、日本からの入植者を異界からの闖入者と捉え、植民政策に抵抗する部族もいた。その代表例が中部山岳地帯に居住していたセデック族で、1930年に「霧社事件」と呼ばれる大規模な反日蜂起を起こしたことで知られる。日本人入植者のほぼ全員である約140人を虐殺したが、その後、総督府から派遣された鎮圧軍によって完全制圧された。先年、この事件が台湾において映画化され、大きな反響を巻き起こしたようである。蜂起部族の首領であったモーナ・ルーダオを主人公とする4時間近い大作で、日本軍を敵方とする迫力ある戦闘映像と相まって大いに民族的感情を高揚させる内容に仕上がっている。現地には蜂起したセデック族の群像や記念碑、指導者ルーダオの墓が建てられているが、犠牲となった日本人入植者の慰霊碑はなく、その御霊は靖国神社に祀られているようである。「霧社」という当時の地名は今では仁愛村という麗しい名前に変わっている。

高砂族については、アミ族の男性を取り上げた『スニヨンの一生』という佐藤愛子氏の小説（文藝春秋、1984年）がある。アミ族は高砂族の中の最大部族で、大半が東部海岸に近い平地に住み、日本の植民政策にもおおむね協力的だったとされる。主人公は帝国陸軍に志願入隊した中村輝夫という日本名（アミ族名・スニヨン）の青年で、結婚直後にもかかわらずインドネシア・フィリピン戦線に派遣され、激戦を戦っている。終戦を知ってか知らずか戦後29年の長きにわたって現地の山奥に潜伏し、1974年に台湾への帰還を果たした。出征の折に夫人が男子を懐妊していたようで、戦後10年の間、子供を育てながら夫の帰国を待ち望んでいたものの断念、同じアミ族の男性と再婚（婿とり）した。その19年後に夫が突然の帰国を果たした時、再婚の相手であった男はアミ族のしきたりに則り黙って家を去ったという。この小説は実話を基にしており、当時は「奇跡の生還」として大きな感動を読んだようである。何とも切ない話である。

客家の人々

台湾には民族分類（エスニック・グループ）として「客家《はっか》」と呼ばれる人々が300万

人ほどいる。彼らの先祖の多くは清朝初期（康熙・雍正・乾隆三代の時代）に中国南部から台湾に渡って来たようであるが、同じ時期に福建や広東から来た福佬人・閩南人とは区別され、言語、文化、居住スタイルも異なる。

「客家」とはもともと黄河流域一帯に住んでいた漢人であるが、度重なる戦乱・飢饉を逃れて集団で南下し、人跡未踏の山間に逃げ込んだ人々であるという。古くは秦の始皇帝の時代から五胡十六国の乱、黄巣の乱の時代まで遡るが、今日、客家人と呼ばれる人々の多くは、南宋末期と明末清初の北方民族の侵入による混乱期に南部に移り住んだものと言われる。清朝期には王朝側の命令で過疎地（四川省など）に強制移住させられた人々（鄧小平の祖先の例）もいたようであるが、これを逃れて広く東南アジア各地に移住した客家も多く、台湾に移り住んだ人々もそうした事例である。

初期に移住してきた客家の定住先については、嘉応州（広東省梅県）から来た者は北部に、潮州・恵州出身者は南方の台南や嘉義にそれぞれ定住したと言われるが、今日、台湾客家は各地に散住している。しかし、それでも客家住民比率の高い地域はあり、北西部の新竹県・苗栗県の場合は住民の3分の2が客家で占められている。東部の花蓮40％、台東25％、中西部の彰化30％、台中20％のように、全国平均の15％を上回る集住地区もいくつかある。蔡英文総統は台北の客家であるが、祖父は台湾最南部・屏東県の旧家の出身であり、祖母は原住民・パイワン族の人で、蔡英文総統もTjukuというパイワン族名を持っているとのことである。客家が台湾の総統に就任したことは驚くべきことではなく、そもそも中華民国の「建国の父」である孫文自身が客家である。中国との両岸経済交流を担っている経済人の多くも客家ネットワークの人々であり、特に台湾と福建省の経済的な結びつきが深いのも客家の存在を抜きにしては考えられない。

台湾の未来

司馬遼太郎氏は本書第1部5で紹介した『台湾紀行』の中で、台湾が置かれた困難な国際政治状況に触れつつ、「一個の人間の痛覚として、私は台湾の未来が気がかりなのである」と書いている。大陸中国（中華人民共和国）に吸収・統合されることは受け入れられず、かといって独立することも叶わない。誠に中途半端な状況を予見される将来までは、生き続けることを宿命づけられている。台湾国内においても、外省人と本省人（漢人、客家）、原住民族、そして最近ではこれに東南アジアなどから移住して来ている「新移民」（主に婚姻による）が加わる。今や、インドネシア、ベトナム、フィリピン及び中国南部などからの新移民の人口は50万人を超えるという。彼らの言語はすべて別々であり、実に複雑な社会を形成している。テレビ番組もそれぞれの言語でチャンネルを異にしている。

今日、台湾では国民党と民進党が選挙のたびに政権交代を繰り返している。中国本土との距離感に対する考え方の違いに起因するが、多くの台湾人は現状維持を望んでいるように見受けられる。彼らの関心は、日々の生活に向かっており、国の経済をうまく運営してくれる指導者が望まれている。私が気になるのは、地域別に見られる政治的な分断状況で、台北を中心とする北部に国民党支持者が多く、台南や高雄などの南部に民進党支持者が多いという区分けが見られることだ。現在、蔡英文政権が直面している最大の課題が社会保障・年金制度の改革問題で、私の今回の台湾滞在中も台北市内で反政府デモを目撃した。蔣介石・蔣経国時代は外省人が行政・司法をほぼ独占し、旧公務員に対して過大な社会保障・年金給付を行ったため、これが少子高齢化が急速に進む現在の台湾にとって大きな財政負担になっている。今や保障・給付の圧縮に向けた改革は待ったなしの状況だが、既得権を手放したくない人々との対立は避けられない。台湾ではこの既得権益層が北部の外省人に集約され、中南部の本省人と対峙するという図式である。内政が不安定化すれば、海峡の向こう側から直接・間接に介入してくるような局面が増える。台湾の事情は想像以上に複雑であ

蔡英文総統

る。

急増する日台間の人の往来

最後に最近の日台関係に触れたい。ここ数年の日台間の人の交流は急速に拡大している。台湾側統計によれば、2017年、台湾から日本を訪れた人の数は461万人で、中国人・韓国人に次いで、3番目に多い。日本から台湾に赴いた日本人の数も毎年着実に増加して、2017年の統計では190万人に達している。日本人旅行者の中国ブーム、韓国ブームが大きく陰りを見せる中、毎年、10%近い伸びを見せているのは注目していい。これを相互の在留者の数で見ると、台湾における在留邦人数は2万1054人（2017年10月現在）、日本に住む台湾人は5万6724人（2017年12月末現在、うち2万1044人が永住者）と、これまたすこぶる多い。こうした中で、私が個人的に密かに注目しているのは、高校生の修学旅行先に台湾を選ぶ学校が近年急増している事実である。第1部9で見たように、2016年度の実績で全国262校、4万1878人の高校生が台湾を修学旅行で訪れており、ダントツの第1位である。中国へは28校・3398人、韓国へは42校・3246人であったから、いかに台湾への修学旅行がブームになっているかが分かる。日本の若者が日台関係の歴史を学び、今日の台湾の姿を直接その目に焼き付けることの意義は、多言を弄するまでもなく格別に大きい。

台湾の第3代総統・李登輝は日本統治時代の最末期に京都大学で学んだ人で、本省人として初めてこの地位に就いた。国民党の人だが、台湾の人々の圧倒的な支持を得た。日本にもファンは多い。今日の安定的な日台関係の基礎は李登輝によって築かれたと言っても過言ではない。彼と親交のあった司馬遼太郎は、同氏の中に「明治期の日本精神」のようなものを見出していた。日本の過去と台湾の将来は李登輝氏において結節しているように思われてならない。

6．インドの超大国化を阻む三つの「闇」

はじめに

インドは広大な国土と膨大な人口を擁する南アジアの大国である。国土面積は328万平方キロメートル、実に日本の8・7倍もある。人口に至っては13億人に達し、数年後には中国を抜いて世界で最も人口の多い国になる。紛れもなく「大国」と言ってよい。

ところが、インドは「超大国」と言われることはないし、予見される将来においてそうなる可能性もない。なぜか。まず、超大国と呼ぶには強大な国力、すなわち圧倒的な軍事力と経済力を持っていることが必要条件になるが、今のインドの国力は世界レベルで見れば未だ脆弱と言わざるを得ない。軍事力こそ世界4位（グローバル・ファイアーパワー2018によるランキング）だが、それは136万人という世界最大規模の地上兵力（プラス予備役兵284万人）の評価からくるものであり、空軍・海軍の戦力は米国や中国に大きく見劣りする。特に兵器の老朽化が著しく、今なお旧ソ連製のものが主流で、最新鋭兵器は全体の8％というデータもある。では経済力はどうかというと、国内総生産（GDP）では2017年が世界6位で、米国の8分の1、中国の5分の1以下、日本、ドイツ、英国のそれをも下回る。特に1人当たりGDPが1976ドル（世界145位）にとどまり、中国（8643ドル）にすら大きく水をあけられている状況はインドの国力評価を下げる要因になっている。

もう一つ、「超大国」と見なされるために必要な重要な要件がある。それは普遍的な国家理念と価値観を持ち、国際秩序形成の中軸的な存在になっているかどうかという点である。インドは「世界最大の民主主義国家」と言われるが、規模はともかく国家理念としての民主主義を主導するのはやはり欧米諸国であり、第二次世界大戦後に独立したインドがその価値観を含めて民主主義国家群を代表する存在にはなることはあり得ない。共産主義国家であったソ連や現在の中国は今や色あせているとは言え、共産主義・社会主義という一つの国家理念を代表し、そのイデオロギーを信奉する国家群が今なお存在している。その点、インドを「国家モデル」として、その傘下に収まろうとする中小国家群は見当たらない。これも超大国になるための「資格要件」を欠くと見なさざるを得ない。

文化・宗教面での存在感はどうか。確かに、ヒンズー教は世界四大宗教の一つであり、10億人以上の信者を擁するが、その大多数はインド国内に住むインド人であり、キリスト教、イスラム教、仏教のような世界的な広がりを有さない。しかも、ヒンズー教は不思議な宗教で、他の宗教のような世界的布教活動を行っていない。そもそもヒンズー教徒とはヒンズー教徒の親から生まれた者が「自動的に」なるもので、他宗教から改宗することはできない。その一方、ヒンズー教徒が他宗教に改宗する、例えば仏教徒になることは可能なので、ヒンズー教徒がたくさんの子供を生まない限り信者の数は増えないのである。かつて、「世界的な人口爆発が人類を滅ぼす」と騒がれた時代（1960~70年代）にも、インドだけは産児制限を頑なに拒否したが、これもヒンズー教の教義だけでなく、その存続がかかっていたからかもしれない。

しかも、ヒンズー教では大洋を「黒い海」と呼び、長いことこれを渡ることは穢れることであると信じられていたので、歴史的にもその教えが海外に広まることが制限されていた。東南アジアにヒンズー教が広まり、今もヒンズー教徒がいるのはヒンズー教徒のインド人が多くの場合陸伝いに渡ったか、英国によって労働者として連行されたからである。19世紀末にかのマハトマ・ガンジーが英国留学するために船で洋行しようとした時、村八分になりカーストから追放されたことは有名な話である。つまるところ、ヒンズー教が世界に広まることはなく、ヒンズー文化が世界に定着することもないのである。

従って、インドは超大国になる必要条件のいくつかは満たしたとしていても、十分条件には絶対的に欠けるのである。ただ、私が「インドは超大国になれない」と考える理由はそれだけではない。現代のインド社会にはそれを阻む深刻な「闇」があるのである。ここからは、そうした「闇」の部分を一つひとつ検証してみたい。

好調に見える経済と未発達な中間所得層

ここ10年ほど、インド経済は順調に成長しているように見える。一時の中国のように10%以上のGDP成長率というわけにはいかないが、過去20年の間にGDPは4倍になり、今も7%前後の成長ペースを維持している。1人当たりの所得も、10年前までは1000ドル以下の「低所得国」であったが、今では冒頭で述べた通り、2000ドルに近付いている。中国では、かつて、２０００ドルの大台を超えたころから徐々に中産階級が増え始めたが、果たしてインドはどうか。

まず、世界銀行が２０１６年に発表した世界各国のジニ係数（調査対象データは国ごとに２００７〜１５年の間のものが採られており、バラツキが大きい）を見てみたい。この指数は収入の不平等度を示すもので、各国の貧富の格差を知る上で役に立つ。一般に、この指数が40を超えると「警戒ライン」、60を超えると「危険ライン」と言われる。ちなみに、日本は32・１（２００８年）で、調査対象１５８カ国の中央値（37・７）より低いが、毎年少しづつ上昇しており、要注意の状況にある。中国は42・２（２０１２年）で、すでに「警戒ライン」を超えている。インドはどうかというと、35〜37あたりを推移しており、一見して貧富の格差は大きくない。

もう一つ、貧富の格差を表すものとして、所得層の上位10％が下位10％層の何倍の所得を得ているかという国連統計もある。これを見ると、日本が４・５倍なのに対し、中国は21・６倍、インドでも８・６倍で日本より所得格差が大きいことが分かる。インドについては、全労働者の所得トップ１％の層（約８００万人）が総所得の３分の１以上を占めているという別の統計もある。それでも中間所得層（中産階級）が厚くなっていれば国内消費は確実に拡大するので内需主導型の経済運営ができるのだが、インドはどうもそうなっていないようなのだ。

英誌『エコノミスト』によると、1980年以降、トップ層の所得は10倍以上に増加しているが、中間層の場合は2倍以下だという。1日当たりの所得も2ドルから3ドルに増えているが、これが5ドル、10ドルと増加するプロセスに入ることには失敗していると書かれている。その理由は、労働者の93％がいわゆる中小企業で働いており、賃金の高い大企業への移動が進んでいないこと、女性の賃金が安いことなど、いろいろあるらしい。中産階級の拡大は携帯電話の普及度と正比例すると言われるが、インドの携帯電話の普及は大きく後れをとっており、世界経済フォーラムの調査（2017～18年）では世界で110位にランクされている。

インド経済を語る時にもう一つ不思議なことがある。それは前述したように経済成長が雇用の拡大をもたらしていない（直近の失業率6・9％）だけでなく、国家財政も経常収支も大幅な赤字になっていることである（各々GDPの3・6％と2・4％）。政府が財政の赤字を埋めるために発行する10年物国債の金利は2018年10月時点で7・80％まで上昇した。インド通貨のルピーも対ドル安が続いている。インドの経済界には昔から縁故主義がはびこり、国営・公営が市場シェアの70％を占有する銀行は、ゾンビ企業にもローンを提供し続けた。その結果、今や、貸出額の20％近くが不良債権化している。もちろん、モディ政権はこうした状況に危機感を抱き、新たな破産・倒産法を錦の御旗にした大胆な不良債権処理に踏み込んでいるし、貨幣改革や物品サービス税（ＧＳＴ）導入によって経済構造の大改革にも乗り出している。しかし、その成果が得られるのはいつか、そもそも成果を得られるのか。インド経済の闇は実に深い。

インド社会の闇（その1）～カースト制度～

２０１６年1月、インド南部のハイデラバード大学でダリット（不可触選民）出身学生による大規模なデモが発生した。原因は、博士課程で勉強するダリット出身の学生ロヒ・べムラ氏がカースト差別を苦にして自殺したことにある。この「事件」については２０１８年2月にＮＨＫテレビがドキュメンタリー番組を放送したのでご承知の方も多いのではないか。

今、インドでは、カースト差別によるさまざまな事件が頻発している。攻撃のターゲットになるのは、ロヒ・べムラ氏の事例と同様にダリットと呼ばれる最下層の人々である。そもそもカースト制度は、今から３５００年以上前にアーリア系の人々がインド亜大陸の北西部から侵入し、先住民であったドラヴィダ系の人々を征服する過程で生じたと言われる。アーリア民族は総じて色白で背が高く、ドラヴィダ系の人々が色黒で背が低いのと好対照をなしている。その違いは一見して分かる。ダリットとはこの後者の人々を指すと思ってよい。インドの憲法ではカースト制度は違憲とされているが、憲法の条文は人々の心の中まで浸透していない。３０００年を超えるカースト制度という異族支配、人種差別の仕組みはインド社会の最も奥深いところに沈殿している。

もちろん、現代インド社会において、カースト制度が個々人の職業選択の自由まで制約するということはない。ダリットの高級官僚もいるし、大学教授や弁護士もいる。それどころか、現在のラム・ナート・コビンド大統領のように国家元首にまで上り詰めたダリットもいる。では、この事実がダリット差別の不存在を証明しているかというとそうとは言い切れない。大統領は国家元首とはいうものの、多分に儀礼的な存在であり、5年たてば確実に交替する。では、インド政治の実権を握っているのは誰かといえば、かつてのジャワハルラル・ネルーやインディラ・ガンディーの名前を出すまでもなく、それは首相である。そして、インド独立以来、歴代18人の首相の中にダリットは1人もいない。今後も、ダリットの首相が誕生することはないであろう。ダリットの高級官僚がいるといっても、彼らが官僚組織のトップにまで上り詰めたという話は聞いたことがないし、大学教授はいても総長・学長になるダリットは甚だ僅少である。そこには見えない壁が立ちはだかっている。

民間企業におけるカースト差別については、ＩＴや通信技術の発達によってカーストの「可視性」が減少し、制度の影響を受ける度合いはだいぶ下がっているようだ。大企業でもカースト差別が禁止されている。しかし、古くからある中小企業には未だにカースト意識が色濃く残っており、しかもインドでは労働者の9割以上がこうした中小企業で働いていることから、カースト差別の問題は深刻と言わざるを得ない。

「指定カースト」とも呼ばれるダリットはインド人口の約16％を占める。シュードラ（隷属階級）などの「後進カースト」を含めれば全人口の60％近くがカースト下位層に位置する。繰り返すが、これらの後進カーストの職業は多様で、経済界のトップや官界・法曹界で成功している者も多い。ただ、さはさりながら、後進カーストの権利擁護を目的とする政党が台頭している事実に見られるように、カースト差別の弊害は実在し、インド国民が一体化するのを妨げているように思われる。

インド社会の闇（その2）～男尊女卑の文化～

インドでは長いこと女性は「男性の付属物」の如く扱われてきた。その象徴的な事例が、今でも地方農村部で時折見られる「聖女誕生」の悪習であろう。これは、夫を失った未亡人がその後を追って焼身自殺することを美徳とする古い考え方である。実際のところ未亡人となった女性は、嫁ぎ先に居場所を失い、かといって実家に戻ることも白眼視される中で、自殺を強いられているのである。彼女たちは、群衆が見守る中、村や町の広場で全身に油をかけて焼身自殺する。それを村人たちは「聖女誕生」と呼ぶ。何とも恐ろしい世界である。

もう一つ、現代インドでも問題になっているのが「魔女殺し」である。州によっては毎年何十件もこうした事件が発生するため、法令で禁止する事態になっているが、相変わらず状況は改善していない。最近、英誌『エコノミスト』が報じたところによれば、村に何らかの不幸が生じた時に特定の女性が「魔女」扱いされ、村人はその家族に隔離するよう強制したり最悪の場合は焼殺してしまうという。特に精神疾患を患っている女性が攻撃の対象になりやすい。また、インドでは医療分野において女性祈祷師による治療行為が広く行われているが、これに伴うトラブルも絶えない。無医村のようなところでは取りあえず祈祷師に診てもらうというのが一般的らしく、珍妙な治療行為によって患者が死亡してしまう事例も起こる。とにかく、こうした風習は男女差別と紙一重のところにある。

世界経済フォーラム（ＷＥＦ）が、毎年「世界男女格差指数」という調査レポートを発表している。その２０１７年版（最新版）を見ると、インドのランクは調査対象となった世界１４４カ国の中で１０８位になっている。何が低い評価の原因になっているかを仔細に見ると、女性の就労率、所得格差、女性識字率などの数字が悪く、男女の出生比率に至っては0・9（男10人に対して女9人）で、一人っ子政策の中国（0・87）に次いで世界最低の状況にある。ちなみに他の項目を中国との比較で見ると、女性の就業率では中国の70・3％に対してインドは28・5％、識字率では中国女性の92・7％に対してインドは59・3％と大きく水をあけられている。これらの事実をまとめると、インドでは「女児の誕生は歓迎されず、教育もまともに受けられない。仕事にも就けず、仮に就けても男との賃金格差が極端に大きい」ということである。

なお、インドにおけるレイプ事件の多発は深刻である。インド国立犯罪統計局（NCRB）が発表している2016年の統計によると、女性を攻撃対象とした誘拐・レイプ事件の発生件数はインド全国で33万8954件に上る。このうち、ニューデリーの北東部に位置するインド最大の人口を擁するウッタル・プラデシュ州だけで、誘拐・拉致事件が1万2994件、レイプ事件が4816件も発生しているというから驚くべきである。女性の尊厳が守られていない状況を如実に示している。今年に入って、インド最北西部のジャンム・カシミール州で8歳の少女が集団暴行を受けて死亡するという、インド全国を震撼させる事件が発生した。各地でこれに抗議する女性のデモが相次ぎ、政府は性犯罪に対する罰則強化を約束した。加害者には終身刑、特に被害者が12歳未満の場合は死刑に処することにしたという。いずれにしても、こうした状況が続く限り、インドは他国の良いモデルになれないし、いわんや「超大国」と見なされるに値しないというべきではないか。

インド社会の闇（その3）～イスラムとの対立～

インドには人口の14・2%、人数にして1億8000万人ほどのイスラム教徒がいる。この数は西の隣国パキスタンのイスラム人口に匹敵し、バングラデシュのイスラム人口は大きく超えている。インドは仏教の発祥地であるが、今や仏教徒の数は人口の1%未満、人数で900万人ほどに過ぎない。インドはヒンズー教の国であるが、同時に世界有数の「イスラム国家」という顔もある。そもそも16世紀前半から300年以上にわたってインド亜大陸を支配したムガール帝国は、イスラム教を国教とする巨大国家であった。

インドのイスラム教徒は、1947年に英国から独立した際にパキスタンへの移住が叶わず、言わば「取り残された人々」であった。彼らは印パ国境で紛争が起こるたびにヒンズー教徒から迫害を受け、少数派として差別された。1992年にアヨーディヤーで発生したイスラム過激派によるバーブリー・マスジット寺院の破壊はヒンズー教徒の間に強い反イスラム感情を惹起し、さらに、2008年のムンバイでの同時多発テロはこうした状況を決定的に悪化させた。この事件では、イスラム・テロ集団がパキスタンから越境して世界遺産級の建造物を爆破、インド人172名を殺害している。これら一連の出来事はヒンズー・ナショナリズムに火をつけ、ヒンズー至上主義を主張するインド人民党（BJP）による政権奪取を後押しした。1998～2004年にはバジパイ首相の、そして2014年から今日まで続いているモディ首相の政権はヒンズー至上主義者を主な支持基盤にしている。

モディ首相

インドにおけるヒンズー教徒と少数イスラム教徒との対立は国民の一体化を阻害し、政治不安定の大きな要因になっている。特に、隣国パキスタンが陰に陽にインド内政に介入する時、それは単に外交上の問題にとどまらず、国防上の重要問題に発展する。印パ両国による軍備増強と核戦力の保持は、地域最大の不安定要因である。印パ国境におけるパキスタン側からの越境侵犯事案は、2017年だけで860件（2015年は152件）に上ったという。今日、スリランカ及び（最近まで）モルディブが親中路線に走り、ネパールに共産主義政権が誕生している状況と合わせ、インドは南アジアでの圧倒的指導力を失いつつある。「超大国」への道は、この点でも厳しいと言わざるを得ない。

おわりに

日本にはインドファンが多い。彼らは、マハトマ・ガンジーの非暴力主義に強い共感を覚え、戦中・戦後の日印関係における親日家チャンドラ・ボースの対英独立運動、極東軍事裁判におけるパール判事の対応、あるいはネルー首相による上野動物園への小象インディラの寄贈など、さまざまな感動的な逸話を胸中に抱いている。心優しいインド人との出会いがファンになる契機だったという人も多い。

インドには英国仕込みの官僚主義、スーパーエリートによる行政主導という側面が今も綿々と受け継がれているが、その一方で、ゆっくりと流れる時間の中で哲学的に生きている人々もいる。後者の人々は貧困の中にあっても現世の御利益を求めず、ひたすら神や仏との対話を楽しんでいるように見える。これこそがインド社会の魅力であり、あくせくとした日々を生き、生活に追われる現代人を惹きつけるものかもしれない。そうした大国インドには、「超大国」を目指したガツガツたる国家運営は似つかわしくないようにも思える。

7. 民主化運動30周年とアウンサン・スー・チーの孤独

２０１８年8月8日、ヤンゴン市内で民主化運動30周年を記念する二つの集会が開催された。一つは「88世代」と呼ばれるかつての民主化指導者グループがヤンゴン大学で開いたものであり、もう一つはヤンゴン市役所前で行われたデモ犠牲者への追悼集会である。しかし、どちらの集会にもアウンサン・スー・チー氏の姿はなかった。

ミャンマーのアウンサン・スー・チー氏が、「民主運動家」「政治活動家（国会議員）」を経て、国家最高顧問として事実上の「最高指導者」へと大変身したのは２０１６年4月のことである。もともと彼女はオックスフォード大学で学んだ学者・研究者であったが、30年前の１９８８年8月、危篤の母を見舞うためにミャンマーに帰国していた折に、反政府運動を展開する学生デモに遭遇。これに共感して「民主運動家」に変身する。この年、国民民主連盟（ＮＬＤ）の結党に参加し、いきなり議長に就任したのである。その後、長引く軍政の下で彼女らの民主化運動は徹底的に弾圧され、１９９０年5月の総選挙で大勝するも、軍の拒否にあって政権奪取は叶わず、その後20年以上にわたって断続的に続く自宅軟禁生活が始まる。ノーベル平和賞を受賞したのは１９９１年だが、これによって軍は一層頑なになり、ミャンマー自体も国際的な孤立を深めた。転機が訪れたのは、自宅軟禁が解除された後の連邦議会補欠選挙で当選し、多少の紆余曲折を経て国会議員となった2012年5月のことである。その3年半後には再びNLDを指導して総選挙で勝利し、2016年3月に彼女を指導者とする政権を発足させた。軍が定めた憲法の規定によって大統領への就任が叶わなかった彼女は、「共和国国家最高顧問」という新設ポストに就任し、大統領を超える権力を掌握した。ついに事実上の「国家指導者」に上り詰めたのであるが、彼女の本当の苦難はこの時に始まる。それから2年半、今、彼女はどのような状況に置かれているのか。73歳にしてミャンマーという統治困難とも言える国家の国政を担うその姿には、ますます孤愁が漂い始めているように見える。以下では祖国に身をささげようとしている彼女の虚像と実像を追ってみたい。

ミャンマー民主化への険しい道のり

アウンサン・スー・チー氏は、1945年6月、イギリス統治下のビルマの首都ラングーンで生まれた。父親は独立を主導し、後に「建国の英雄」となったアウンサン将軍だが、彼女が2歳の時に政敵によって暗殺されている。母親のキンチーは看護師出身だが、アウンサン・スー・チー氏が15歳の時に駐インド特命全権大使に就任、彼女もニューデリーの修道会学校を経てデリー大学で学んでいる。この頃に、マハトマ・ガンジーの非暴力不服従運動から強い感化を受け、これが後にミャンマーの民主化運動に身を投じる遠因になったと言われている。

1988年8月、上述のように、彼女は突如として民主化運動に身を投じる。数十万人が集まった反政府集会の場で大演説を行い、熱狂的な拍手喝采を浴びる。アウンサン将軍の娘としての知名度とカリスマ性は抜群であり、ただちに民主化運動組織（NLD）の議長に推される。この時、彼女は43歳であったが、その後30年近くにわたる苦難の日々が待ち受けていようとは予想もしなかったであろう。当初の颯爽たる姿は世界のメディアを席巻し、国際政治のスーパーヒロインとなった。運動開始後、わずか3年にしてノーベル平和賞を受賞したことも世界を驚かせた。この1988～91年という年月は東西冷戦が終結し、欧米メディアも「民主主義の勝利」に酔いしれていた時期に重なり、東南アジアの社会主義軍政国家が1人の若い女性指導者が率いる「革命」によって民主国家に転じるというストーリーは、格好の主題になった。

しかし、ミャンマーの軍部は一般の予想以上に頑なであった。1990年に複数政党制の下で実施された総選挙でNLDは大勝したが、軍部は屁理屈をこねて政権移譲を拒否。これに対して国際制裁が発動され、ミャンマーは孤立を深めた。1999年にはアウンサン・スー・チー氏の夫であるマイケル・アリス氏（英国人）が前立腺がんで死去したが、再入国拒否の恐れがあるため彼女は英国に帰ることができなかった。その後、２０１０年に行われた総選挙にはＮＬＤが参加を拒否したため軍政が続いたが、翌２０１１年に突如として軍事政権が解散、テイン・セイン大統領率いる文民政権が誕生した。テイン・セイン氏は元軍人（将軍）だが、大変に開明的な人で、積極的な改革路線を推進した。累次の恩赦によってすべての政治犯を釈放するなど、ミャンマーの民主化を進め、人権状況も大きく改善した。２０１２年４月の補欠選挙でアウンサン・スー・チー氏が当選して国会議員になり、15年11月の総選挙でＮＬＤが再び大勝して政権を担うことになるのもテイン・セイン大統領の下である。ミャンマー民主化を実現したのはこの大統領であったと言っても過言ではなく、同国政治史において高い評価を得るべき人であろう。大統領退任後は仏門に入っている。

アウンサン・スー・チー国家最高顧問

テイン・セイン元大統領

経済改革・開放がもたらす「最後のフロンティア」

ミャンマーは過去半世紀の長期にわたって実質的な「鎖国状態」にあったため、2011年にテイン・セイン大統領率いる文民政権が発足し改革開放路線に転じると、人口が5000万人を超える地域大国ということもあって、ミャンマーは「未開拓の市場」として国際的に注目されるようになる。特に、2016年にアウンサン・スー・チー氏指導下のNLD政権が誕生するとミャンマー市場に対する開拓熱は一気に高まり、世界の投資家の間で「最後のフロンティア」と呼ばれるようになった。しかし、冷静に考えれば、ミャンマーの投資環境は法体系、インフラ、人材などのあらゆる面で当然ながら未整備であり、過去1年来、当初の過熱ムードはやや後退しつつある。

具体的数字で見ると、外国直接投資額（認可額ベース）は2016～17年度の66億ドルから2017～18年度には57億ドルに下落しており、投資国も1位のシンガポール（22億ドル）と2位の中国（14億ドル）だけで全体の62％を占めるという偏りが見られる。投資分野は製造業（特に繊維・縫製業）、不動産、運輸・通信のトップ3が全体の69％を占めている。こうした状況はミャンマー市場の開拓が依然として初期段階にあることを示しており、新投資法の成立が2016年10月、改正会社法の施行が2018年8月であることに照らせば当然過ぎる結果と言える。また、ＮＬＤ政権発足後の2年半でミャンマー通貨のチャットが対ドルで35％近く下落していることも、海外投資家を慎重にさせる一因になっているかもしれない。後述の「ロヒンギャ問題」に依然として出口が見えず、国際社会から厳しい視線が注がれている政治状況も影響なしとは言えない。

マクロ経済状況も決して明るくない。実質ＧＤＰ成長率こそプラス６～７％台を維持しているものの、ＮＬＤ政権発足前のプラス８％台からは若干下落している。問題は、経常収支、貿易収支及び財政収支のすべてが赤字続きであり、しかもここ２～３年は赤字幅がそれぞれ拡大傾向にあることであろう。もちろん、今のところ、政府の債務残高（対ＧＤＰ比）は35％前後にとどまり、外貨準備も直近で72億ドル（輸入月数で３・７カ月分）あって、デフォルトの心配はなく、ＩＭＦもミャンマーを「低リスク国」に分類している。

ちなみに、日本企業の投資状況を見ると、２０１５～１６年度の２・２億ドルがピークで、その翌年度には６０００万ドルまで下落している。国別で見た投資額では７～８位である。ただ、この統計にはティラワ経済特区への投資やシンガポール、オランダといった第三国経由の投資は含まれていないので、実態としては金額はもっと大きいであろう。事実、在ミャンマー日本商工会議所加盟の日本企業数は３７６社（２０１８年5月現在）に上っており、決して少なくない。ミャンマーは依然として資源（天然ガス、木材）と食料

（豆類、コメ）の輸出国であるが、２０１６〜１７年度からは衣類が天然ガスに次ぐ第２の輸出品になるなど工業製品の輸出が伸びる傾向にあり、今後の展望は暗くない。貿易面でも日本は輸出・輸入ともにミャンマーの第４番目のパートナーになっている（ちなみに第１位の貿易パートナーは輸出・輸入ともにダントツで中国）。ただ、今や、「最後のフロンティア」という当初の宣伝文句はやや色あせつつあり、日本企業の行動にも慎重さが見えるようになっている。

こうした中で、ティラワ経済特区（ＳＥＺ）は希望の光である。ヤンゴン中心市街地から南に20キロ、２４００ヘクタールの総開発面積を有するこの特区は２０１３年以降、民間主体の日緬共同事業体が工業団地を造成し、日本政府も円借款によってインフラ整備を支援している。すでに一部が開業しており、２０１８年６月現在で91社（うち日本企業45社）が進出している。同年８月初めには今年２度目のミャンマー訪問を行った河野外務大臣が視察している。このプロジェクトが今後順調に進めば、ミャンマー経済にも大いなる福音をもたらすことになろう。

ロヒンギャ問題というミャンマーの「くびき」

この問題ほど国家指導者となったアウンサン・スー・チー氏を苦しめている問題はな

い。大きな試練と言ってもいい。国際社会からは未曽有の人道・人権問題として厳しく非難されているが、ミャンマー国内では国家主権行使にかかわる当然の対応であるとして、彼女を批判する国民はほとんどいない。一つの問題をめぐって、国内・国外でこれほどパーセプション・ギャップが拡がるケースも稀であろう。

そもそも「ロヒンギャ民族」というものは存在しない。「ベンガル系ムスリム教徒のロヒンギャ」というのが日本外務省の表記であり、国連や国際赤十字も単に「ロヒンギャ」とだけ呼んでいる。歴史的に見て、「ロヒンギャ」という呼称自体が1950年以前には存在しないという。ミャンマー南西部の端、ベンガル湾に面したラカイン州に住むムスリムの人々(約100万人)が団結し、権利要求の手段として「ロヒンギャ」と自称し始めたようだ。もともと、この地にはアラカン王国(1429~1785年)という仏教国が存在した。この王国が、商人、従者、傭兵などとして隣接するベンガルのチッタゴン地域からムスリムの人々を招き入れたのが事の始まりらしい。しかし、この王国は1785年に、今日のミャンマー国土の大半を支配していたコンバウン朝によって滅ぼされ、この時、ムスリムの多くがベンガル側に逃げたという。その後、19世紀に入り、コンバウン朝が英国との第一次戦争に敗れた1826年に割譲されて英国の植民地になると、英領インドとなっていたベンガル側から再びムスリムの人々が回帰するだけでなく、労働力として、あるいは食料危機から逃れる形でラカイン州に流入することになる。1886年、英国との第三次戦争によってコンバウン朝が敗北して滅亡すると、さらに大勢のムスリム（インド系移民）が流入・定住化し、地元の仏教徒と対立するようになる。

20世紀に入り、最初の大規模な悲劇が始まる。「ビルマ作戦」を展開する日本軍がラカイン人仏教徒を武装化して英国軍との戦いに駆り出し、これに対して英国もベンガルに逃げていたムスリムを武装化してラカインに侵入させたために、ラカイン人仏教徒とムスリムの熾烈な戦闘が（日英間の代理戦争のような形で）始まるのである。両者の戦闘は血で血を洗う闘いとなり、1942年の「ビルマの戦い」では、ラカイン人仏教徒が2万人以上殺されたと言われ、今日に至るまでミャンマー国内における反ロヒンギャの強い動機になっている。英国植民地時代の「ザミンダール制度」によって、ラカイン人が代々所有していた農地が強制的にベンガル系ムスリムの労働移民にあてがわれたことも、両者の対立構造を固定させることになったようだ。従って、英国の植民地時代が終わりビルマとして独立すると、当然の如く、ラカイン人によるムスリム教徒への復讐・迫害が始まり、少数ムスリム教徒は再びベンガル側に逃れて難民化するのである。ビルマの社会主義政権が1982年の市民権法によってロヒンギャを正式に非国民としたことも、こうした流れに拍車をかけた。その後、1988年に軍事クーデターがあり、その翌年にミャンマー連邦と国名を変えた頃からロヒンギャに対する弾圧は一段と強化され、ソウ・マウン及びタン・シュエ政権下で30万人以上のロヒンギャが難民となってバングラデシュ側に逃れる。1991〜92年、1996〜97年に大量難民が発生し、これをバングラデシュ政府が歓迎しなかったため、国連難民高等弁務官事務所（UNHCR）が仮定住キャンプを設営しつつ、同時に再帰還事業に取り組んだのである。

ロヒンギャ問題とアウンサン・スー・チー

さて、私たちの知る「ロヒンギャ問題」が始まるのは2012年以降である。最初はラカイン人仏教徒とロヒンギャ・ムスリムとの大規模な衝突によって、双方に200人以上の死者が出、同時にロヒンギャの人々が海路難民となってタイ、マレーシアに逃れたことで騒ぎが大きくなった。次いで2015年に、ムスリム教徒の中に浸透したイスラム過激派（ISシンパ）によってラカイン人仏教徒の殺害や地元警察署への襲撃事件が発生。これにミャンマー国軍が大規模に反撃、過激派掃討作戦を展開したために、何十万人というムスリム難民が国境を越えてバングラデシュ側に逃れる事態になったのである。この時の難民は60〜70万人に上り、ムスリムの大量虐殺の噂とともに世界を驚かせ、ミャンマー政府に対する国際的な非難が巻き起こることになる。アウンサン・スー・チー氏も難民発生を抑止できなかっただけでなく、ミャンマー国軍の残虐行為を黙認したのではないかと非難され、インターネット上ではノーベル平和賞はく奪キャンペーンまで展開されることになった。2018年8月に国連人権理事会の国際調査団が発表した報告書は、「国軍幹部にジェノサイド（民族虐殺）の意図があった」と断定して、最高司令官ら6名の国軍幹部を国際法廷で裁くよう求めている。

しかし、私が見るところ、アウンサン・スー・チー氏はこの間一貫して泰然自若としている。なぜか。それは、彼女がラカイン州での出来事をイスラム・テロリストとの闘いと考えており、これと戦う軍部に（行き過ぎはあるにしても）一定の評価を与えているからではないか。加えて、ミャンマーの北部や東部の辺境地域では軍が少数民族武装勢力と戦っている。NLD政権が軍部との妥協の上で成立している以上、治安維持に当たる軍部を正面から批判することはできないし、すべきでもないであろう。テロリストがロヒンギャの人々の中に紛れ込み、彼らの一部にこれを支援する動きがある場合、掃討作戦は多くの一般人を犠牲にする。米国がベトナム戦争時にベトコン掃討作戦を展開し、多くのベトナム人民を巻き添えにしたことは広く知られているし、イラクやシリアにおける近年のIS勢力との戦闘でも同様のことが起きている。こうした背景を考えれば、欧米諸国の人道的視点からのミャンマー非難は「偽善的」にも見えるのではないか。国内最大勢力でありN

ＬＤの支持基盤である仏教徒集団との関係も同様である。ラカイン州における仏教徒とムスリムの敵対関係は、上述したように数百年前から続いており、昨日今日の問題ではない。仮に２０１５年以来の騒擾の中で仏教徒がムスリム迫害にかかわったとしても、歴史的事情を考慮すれば大半のミャンマー人はこれに理解を示しているように思われる。ラカイン州のムスリムは本《もと》を正せばバングラからの移民・難民であり、最近は欧州諸国ですらシリアやイラク、あるいはアフガニスタンからのムスリム難民の受け入れを拒否し始めているではないかとの思いもあるかもしれない。

２０１８年5月、日本政府の働きかけもあって、ミャンマー政府はロヒンギャに対する迫害疑惑を調査する独立調査委員会（委員４名）の設置を決め、日本から大島賢三元国連事務次長が委員の一員に加わることが発表されている（活動開始は8月中旬）。翌6月には、ロヒンギャの帰還・再定住に向けた国連機関の関与、受け入れのため、これら関係機関と覚書を締結している。バングラデシュ政府とは２０１７年11月に帰還開始で合意し、すでに避難民受け入れ施設、道路等のインフラを整備中と伝えられる。アウンサン・スー・チー氏としては、軍部や仏教徒勢力の反発を最小限にしつつ、同時に国際社会からの批判にも相応の答えを出そうと苦慮した結果であろう。ミャンマーの人々の間には、ロヒンギャへの迫害・虐殺疑惑はイスラム過激派の過剰宣伝に外国メディアが安易に同調した

「創作物」に過ぎないとの思いがある。国内・国外でこれほどパーセプション・ギャップが拡がると、国家指導者の対応は極めて難しく、アウンサン・スー・チー氏には同情すべき余地がある。

権力側に立つアウンサン・スー・チーの孤独

73歳という高齢（2018年9月現在）を迎え、アウンサン・スー・チー氏はますます孤独になりつつあるように見える。NLDは議会で多数を占めるとは言え、軍部と妥協して政権を担っている以上、思い通りに政策を実行できるわけではない。現行憲法の下では大統領になることもできず、「国家最高顧問」という曖昧な地位に甘んじなければならない。憲法改正はNLDの悲願だが、軍部の一部に同調者が出ない限りそれも叶わない。2015年の総選挙でNLDから当選した若い議員の中には現実政治に失望し、一人二人と党と距離をおく動きも見える。アウンサン・スー・チー氏の高校生時代からの友で、初代大統領になったティン・チョウ氏は2018年3月に健康上の理由によって突然辞任した。信頼厚かったウー・キャウ・ウィン計画財務大臣は収賄の疑惑で同年5月に辞任している。今、彼女が本当に心を許せる腹心は果たして何人いるのか。一方で、そろそろ後継者の問題も考えなければならない時期を迎えているが、彼女のカリスマ性を引き継げる者はいないし、ＮＬＤの若い世代は軍部と妥協を重ねる彼女への不満を半ば公然と表すようになっている。近い将来、彼女が政界を引退すれば、ＮＬＤの一体性を果たして維持できるのか。問題山積のミャンマーにあって彼女の憂鬱が晴れる日はない。

アウンサン・スー・チー氏がオックスフォード大学に留学中の１９７０年代末に、２年間かけて日本語を習得していたことはあまり知られていない。１９８５~86年には国際交流基金の支援で京都大学に９カ月間留学しているが、その目的は習得した日本語を駆使して、父である故・アウンサン将軍の事績を調べることにあった。外務省外交史料館や国会図書館で資料調査を行ったのもそのためである。彼女が２歳の時に暗殺された父への記憶はなく、その足跡をたどることで自己のアイデンティティの空白を埋めようとする彼女の心の有り様が見えるエピソードである。２０１８年７月19日、アウンサン将軍の命日に、首都ネピドーで71回目の殉難追悼式典が開催されている。彼女は父の御霊に何を語りかけたのであろう。

第3部

巻末付論

1．海の向こうから見た「明治維新」

はじめに

江戸時代の最末期に、徳川15代将軍の名代としてパリ万博に派遣された徳川昭武《あきたけ》（慶喜の実弟）がベルギーを重要な国として訪れている。慶応三年（1867年）8月のことで、昭武は満14歳の未だあどけなさの残る少年であった。当時のベルギー第2代国王レオポルド2世は33歳で、「東洋の貴公子」に対して格別な好意を寄せたという。昭武は滞在中の9月初め、ベルギー軍2500人ほどの演習を視察し、終わって、乗馬で閲兵した。その時の様子について、『徳川昭武　万博殿様一代記』（中公新書）の著者である須見裕氏は「当日は華やかな陣羽織太刀姿で臨場、馬上凛々しく閲兵を行った。この天晴な武者姿に、兵士はもとより観衆も感嘆の声をあげたという」と書いている。この話を知った司馬遼太郎氏は『街道をゆく35　オランダ紀行』の中で、「少年ながら、日本武士の戦場での装束姿を、19世紀のベルギー人の網膜にとどめたただひとりの人といっていい」と感慨を込めた文章を残している。昭武のベルギー訪問は大政奉還のわずか1カ月前の出来事である。

この前後に日本がたどった歴史はまさに「大動乱」と呼ぶべきものだった。世界史を見ても、この時の日本ほど短期間に国の姿が根本的に転換した政変事例はない。現代と違って通信手段が乏しかった150年前、世界の人々は「幕末・明治維新」をどう見たのかを各種の文献を参考にしつつ以下に概観してみたい。（なお、本稿では、「海の向こう」を米欧諸国に限定しており、それ自体が大きなテーマである朝鮮半島や中国などのアジア諸国に対して明治維新が及ぼした影響への考察は割愛した。）

明治維新の国際的な衝撃

19世紀のアジアは深い眠りから目覚めず、米欧の帝国主義はこれを次々と餌食にした。インドや東南アジアの国々が植民地化され、中国も1842年のアヘン戦争を皮切りに、沿岸各地が「租借」という名の下に虫に食われる葉の如くに浸食されていった。朝鮮半島でも英国やフランスが開国を迫り、1866年にはフランス艦隊が江華島に武力侵攻した。他方、北方のロシアは南下政策を推し進め、西アジアや南アジアで英国と衝突、極東ではラクスマンの根室来航（1792年）に続き、1804年にはレザノフを、また18

53年にはプチャーチンをそれぞれ長崎に派遣して日本に圧力を加え始めている。

　こうした中で、1853年に米国のペリー提督が浦賀に来航したのである。ペリーは江戸湾に入って武力行使の可能性まで匂わせて徳川幕府に開国を迫り、翌年に和親条約、さらにその4年後にはタウンゼント・ハリスが修好通商条約の締結に成功した。これに驚いたのが、英仏などの欧州列強で、「新興国」である米国に先を越されたことに歯噛みし、武力を示威しつつ同様の条約の締結を徳川幕府に迫った。これらの諸条約はいわゆる「不平等条約」で日本に関税自主権はなく、治外法権まで定めている。欧州列強からすれば極東の日本は地理的に遠く資源も乏しいために、植民地化のために膨大なコストをかけるより、有利な条件下で交易ができればまずは良しとしたのではないか。1865年、世界旅行の一環で日本に1カ月滞在したシュリーマン（6年後にトロイア遺跡の発掘に成功した考古学者、当時43歳）は、その著『シュリーマン旅行記　清国・日本』（講談社）の中で、「軍隊派遣にかかる費用は商取引上の利益をはるかに上回る。日本との交流を失う危険を冒してまで、江戸に3万の軍隊を駐留させようとは、およそ思わないというのも、道理である」と書いているが、これは、滞日中に彼を案内した米英外交使節の人たちが口にしていた言葉でもあったろう。

　その一方で、徳川幕府も1860年に新見《しんみ》豊前守《ぶぜんのかみ》一行を米国に派遣したのに続き（正使が乗船した軍艦ポーハタン号に随伴したのが、勝海舟が船将を務めた咸臨丸）、62年に遣欧使節、63年に遣仏使節、66年に遣露使節、そして翌67年に再び遣仏使節（冒頭に述べた徳川昭武のベルギー訪問はこの時の逸話である）を次々と送って、米欧列強との友好親善関係の強化に努めている。これによって日本にとっては帝国主義による植民地化の危険を遠ざける一方、米欧列強にとっても未だ「後進国」とは言え、条約締結により極東に地歩を築いたことにそれなりに満足した。（ただ、英国とフランスによる帝国主義的対立と日本における影響力拡大をめぐる角逐は、1864年の馬関戦争から1864～66年の2度にわたる長州征伐にかけての時期をピークに、鳥羽伏見の戦いを経て函館五稜郭の戦いまで続いている。）

しかし、その徳川幕府が1867～68年に突然崩壊した。米欧列強に衝撃が走ったのは当然である。この動乱の中で幕府側を支援していたフランスは地歩を失い、時世を巧みに読んで陰に陽に討幕側を支援した英国（特にパークス駐日公使個人）は新政府に強い絆を構築することに成功した。米国は南北戦争に明け暮れて全く動きがとれず、ロシアは介入する足掛かりすら得ることができなかった。幕末・維新期は1850年代の米国を別とすれば、英国の一人勝ちだったのである。ただ、明治期の文明開化の全過程を見ると、米国やドイツの影響力が大きく拡大しており、英国は1902年の日英同盟締結によって対日関係における劣勢をようやく挽回したという構図が見て取れる。

英国外交官の記録

幕末期に日本に在勤した英国外交官アーネスト・サトウが、激動する日本において幕府・薩長の間を奔走し、江戸城の無血開城という世界史的にも驚天動地の出来事を実現した陰の立役者であったことは広く知られている。闘幕派の中心人物であった西郷隆盛がサトウの助言を受け入れた背景には、英国からの軍事的支援が不可欠であり、その英国が江戸を焦土と化しかねない武力行使に反対である以上自説を押し通すことができなかった、という事情があったようだが、勝海舟という稀有な人物の存在とともに、サトウの類まれな外交手腕も与《あずか》って力があったのではないか。この時代のアーネスト・サトウの獅子奮迅の活躍は、その著『一外交官の見た明治維新』（岩波文庫）に詳しい。この著作は幕末・維新期の江戸、京都、大阪で生起したさまざまな出来事を英国公使館が観察した範囲で丹念に記録したものであり、この時代の日本史を研究する者にとっては第一級の歴史資料だが、個々の出来事へのサトウの個人的な感想はあまり語られていない。また、先述した江戸城の無血開城に触れた件《くだ》りの記述も意外と抑制されており、西郷・勝交渉の生々しいやりとりは記録されていない。その中で、私が強いて注目するのは次の記述である。「パークス卿は西郷に向かって、慶喜とその一派に対して過酷な処分、特に体刑をもって臨むならば、ヨーロッパ諸国の世論はその非を鳴らして、新政府の評判を傷つけることになろうと警告した」、「勝が話した中で最も驚くべきことは、2月に前将軍（慶喜：筆者注）の閣老とロッシュ氏（フランス公使：筆者注）が協議した際、ロッシュ氏はしきりに抗戦をそそのかし、フランス軍事教導団の士官連中も、箱根峠の防御工事やその他軍事上の施設を執拗に勧告したというのである」。そして無血開城にかかわる部分では「江戸は極東の最も立派な都市の1つであったから、それが衰微するというのは悲しいことだった」と個人的な思いを吐露している。

他方、アーネスト・サトウの5歳年上の上司で、幕末から明治初期に3年間ほど日本に滞在したアルジャーノン・ミットフォードが『英国外交官の見た幕末維新』（講談社）というタイトルの駐在記録を残していることはあまり知られていない。実は、アーネスト・サトウの日本滞在は何回かの帰国を挟んで20年以上にわたったために英本国では特定の人々にしか知られていないが、これとは反対に、早く外交官の職を辞し伯爵家を継いで下院議員、続いて上

アーネスト・サトウ

院議員も務めたミットフォードの名前ははるかに有名であるようだ。彼は、明治2年の夏にヴィクトリア女王の第2王子であるエジンバラ公が公式訪日した際には、パークス公使とともにほぼすべての行事に付き添っている。このエジンバラ公の訪日は明治天皇（当時御年17歳）がお会いした最初の外国王族として特別の意義を帯びたものであり、日英関係上も重要であった。ミットフォードは先述の著書の中で明治天皇の人となりを、次のように最大級の賛辞を込めて評している。

維新の当時の英雄の中で、最大の称賛と尊敬を受けるべき人は天皇睦仁であった。彼は大奥で女官たちに贅沢な世話を受け、優しくたいせつに育てられた生活から離れると、すぐに尊い位を受け継ぐことを強いられたわけだが、ちょうど、その時は日本の歴史のうえで、あるいは世界の歴史のうえでといってもよいが、その比を見ないような大きな嵐と緊張の時代であった。彼は最初から厳しい試練に雄々しく直面して、次のような重要な事実をただちに悟ったのである。それは、日本が孤立していた時代は終わったので、もし神の国の威厳を保ち続けようとするならば、伝統と偏見をかなぐり捨て、新しく脱皮しなければならないということだった。たいして長い年月を経ずして、彼は名目的ではなく、本当の実力者となった。彼の個人的力量がどれほどであったかは、計り知れないものがあった。

ミットフォードはアーネスト・サトウともしばしば行動をともにし、後に元勲となった幕末・明治維新期の要人多数と交流する機会を持ったが、同人の明治天皇に対する評価は格別に高かったようである。

米欧から見た岩倉使節団（その1）

幕末・明治期の日本は重要人物を次々と米欧諸国に派遣し、西洋文明を学ぼうとした。先述したように、幕末においては徳川幕府が米欧諸国に五つの公式派遣団を送ったし、長州や薩摩の有志が脱藩して欧州に密航する事例もあった。しかし、当時の日本が海外に派遣した最も重要なミッションは、間違いなく岩倉使節団の米欧12カ国歴訪（1871年11月～73年9月）であろう。岩倉具視を特命全権大使とする総勢50名ほど（及びほぼ同数の留学生）で構成されたこの使節団には、木戸孝允、大久保利通、伊藤博文ら明治新政府の錚々たる要人が参加したし、随員や随行留学生の中にはその後の日本の各界で活躍した人物が多数名を連ねている。使節団歴訪の様子は大使随行の久米邦武らが編纂した『特命全権大使　米欧回覧実記』（全100巻）に詳しく記録されている。ロンドン大学のイア

岩倉使節団（中央が岩倉具視全権大使）

ン・ニッシュ名誉教授は1997年のヨーロッパ日本学会で発表した論文の中で「この使節団の派遣は、その大胆さと独創性において見事な政治的手腕を示すものであり、他のどの国の政府もこれに及ぶことはなしえなかった」と評価しているが、まさにその通りであろう。

岩倉使節団派遣の目的は以下の3点に集約される。すなわち、①明治新政府（天皇の親政）に対する国際的な認知と支持の獲得（「国際社会への加入の儀式」と表現する外国の研究者もいる）、②米欧諸国の政治・経済・産業や教育・文化などの諸事情の実地調査・研究、③不平等条約改正に向けた各国の意向打診、である。

このうち③について当初は「改正交渉」と意気込んでいたが、米国・英国の拒否にあって早々に断念、その後は「意向打診」という曖昧な目的になった。他方、①と②については多大な成功を収めたといってよい。とにかく、訪問先の各地において一行が受けた第一級の歓待は一行を驚かせた。米国では議会承認を経て多額の接遇予算があらかじめ手当されたほどである。「実地調査・研究」については、米国だけでも7カ月という長期間にわたって滞在し、団員が手分けして各地を訪問・視察するなど驚くほどの徹底ぶりで、新生日本の近代化の方向性を定めていく上で有用な多くの情報・経験を得たであろう。（なお、一行を受け入れた米欧諸国の側の主たる関心は、日本人キリスト教徒への迫害停止と布教の全土解禁であったようだ。）

訪問先の国々において一般の人々が持っていたアジア人に対する印象は、中国人（多くが労働者）の姿から得られるものであった。特に、当時の米国では、大陸横断鉄道建設のために20万人近い中国人労働者が送り込まれており、これら労働者への強い偏見もあって、アジア人一般に対する印象は極めて悪かった。これに対して、岩倉使節団は政府高官・知識人から構成されていたため、その毅然たる姿と礼節ある行動は彼らが予想していたものとは全く違い、大いなる驚きを与えたようだ。この驚きをカリフォルニアの現地紙は次のように報じている。

こんにち日本は、それ以前の境遇をすべて考慮に入れると、地球上もっとも進歩的な国である。……中国人と違って、日本国民はそれが良いと分かれば衣服、食べ物、産業、そして生活様式を容易に変えていく。一民族として彼らは行動力があり、高位の人からもっとも下位の人まで、非常に知性的であり、性急と思われるほど勇敢で、清潔な習慣の持ち主で、個人的な名誉の高度の感覚をもち、例外なく礼儀正しい。そして何よりも、外国人とりわけアメリカ人に対して好意的である。

兎にも角にも、7カ月の長期にわたった岩倉使節団の訪米は、条約改正問題をめぐる当初のドタバタはあったものの大きな成功を収め、明治期における米国の対日協力姿勢を導き出すことに寄与したように思われる。

米欧から見た岩倉使節団（その2）

一行がその後に訪問した英国とフランスにおいては、国王や大統領への表敬を含む公式行事はひと通り行われたものの、長い滞在日程の多くは各種の美術館・博物館訪問や軍施設・工場視察に充てられた。特に英国の場合は、一行の米国滞在が長引きロンドン着が初夏に入ったために、ヴィクトリア女王は避暑のため長期間にわたりロンドン不在、官公庁も夏季休暇に入ってほぼ開店休業状態で、公式行事が何カ月も行えないという事情があった。一般国民による歓迎も米国訪問時におけるほど熱狂的なものではなく、新聞の報道ぶりも地味なものにとどまった。実際のところ、これら両国には徳川幕府の使節団が過去10年以内に何回か訪れており、また、岩倉使節団員がサムライの格好ではなく洋服を着用していたことも、異国趣味的な好奇心を減退させたかもしれない。加えて、維新政府による禁教令発布を受けた日本人キリスト教徒への迫害が欧州において大げさに報道されたことが、カトリック団体等による反日キャンペーンを呼び、一部の人々が使節一行に冷ややかな目線を向ける一因になったとの見方もある。ただ、政府レベルで見れば、一行に与えられた接遇は破格であり、これに対して、フランスのベルテミー公使などが後日東京から本国外務省にあてた公電で、「岩倉はあまりに好意的に迎えられ、その結果に日本政府は甘やかされた子供のようにふるまっている」（1873年11月9日付）と不満を表明しているのは面白い。幕末期に徹底して幕府側を支援した在京フランス公使館の維新政府に対する悪感情が見て取れる。

これに引き比べ、その後に訪問したドイツでの状況はだいぶ異なっている。皇帝ウィルヘルム1世、宰相ビスマルク、大将モルトケらが総力を挙げて一行を歓迎した。地元紙も、「日本は国を挙げてはつらつたる印象をあたえており、アジア・アフリカの他の諸国とはまったく異なっている。……いつの日かわれわれは日本から学ばなければならないであろう」といった世辞に満ちた記事を書いている。滞在期間こそ実質で4週間ばかりと比較的短いものであったが、フランス等との相次ぐ戦争に勝利したばかりのドイツ（プロイセン）は意気軒高で活気に満ち、宰相ビスマルクとの度重なる会見も一行に強烈な印象を与えている。特に、宰相官邸で開催された晩餐会の席上でビスマルクが行った演説は、老大国とも言うべき英仏に都合よくできあがった国際秩序を批判し、これら諸国に対抗して新興の独日両国が連携すべきだとの激烈な論調のもので、一行を刺激すること大なるものがあったようだ。久米邦武は『特命全権大使　米欧回覧実記』において、「交際ノ使臣、相宴会スル際ニ、此語ハ甚タ意味アルモノニテ、此侯ノ辞令ニナラヘルト、政略ニ長セルトヲヨク識認シテ、玩味スヘキ言ト謂ツヘシ」と感慨を込めて記した。また、岩倉使節団研究の第一人者である泉三郎氏はその著『岩倉使節団　誇り高き男たちの物語』（祥伝社）の中でビスマルク演説に特に一章を割き、「容貌魁偉、一見して英雄と知れるビスマルクの演説は一行に強烈な印象を与えた」と断言している。（ちなみに、草稿なしで行われたこの演説はオフレコ扱いだったためか当時は一切報道されておらず、伊藤博文が１９０１年に総理大臣としてドイツを再訪した際に28年前の大演説として浮上し、「まぼろしのビスマルク演説」としてドイツの諸新聞ににわかに掲載された経緯がある由である。）

なお、維新政府は発足直後からドイツの軍制に着目しており、１８６９年に大山巖、品川弥二郎、桂太郎らがベルリンを訪れ、軍事視察を行っている。岩倉使節団のドイツ訪問はこの後のことだが、明治政府が「軍事はドイツに学ぶ」との方針に転じる上で、使節団の訪問は大きな意義を持っていたようである。これをドイツ側から見れば、日本への食い込みで米英仏に大きく後れを取った状況を打開する好機が到来したということであろう。

おわりに

幕末・維新期の日本は、米欧列強による植民地化を免れ、明治政府は富国強兵の道を邁進した。徳川幕府の鎖国政策によって米欧列強は日本列島に深く浸透することはできず、また、欧州諸国は世界各地で熾烈な帝国主義的抗争を繰り返したために、極東の最果てに位置する日本周辺にまで大規模な軍事力を展開する余力を持っていなかった。加えて、黒船で開国を迫った米国も、ペリー提督が携行したフィルモア大統領発の親書を信じる限り「友好、通商、石炭・水と食料の供給、および難破した国民の救助」が唯一の目的であり、「合衆国の憲法および諸法律は、ほかの諸国民の宗教的あるいは政治的問題に干渉することをすべて禁じている。私はとくに、陛下の国土の安寧を乱すような行動はいっさい慎むよう、ペリー提督に訓令している」という丁重な内容のもので、日本と国交を開き、太平洋航路（サンフランシスコ・上海間）の上に寄港地を得たいというのが基本姿勢であった。かくして米国と締結した二つの条約は追随する欧州諸国にとって「先例」となり、相互に牽制し合うことで、植民地化への道が封じられることにもなった。徳川幕府の英断とも言えるが、近代アジア史研究の第一人者である加藤祐三氏は、その著『幕末外交と開国』（講談社）の中でこの間の経緯に触れ、「幕府は自らの対外経験と国際政治の現実をみて、超大国イギリスより新興国アメリカに親近感を抱き、積極的にアメリカとの関係を模索した」と書いている。

幕末に徳川幕府が派遣した五つの公式使節団及び明治に入っての岩倉使節団に対する派遣先国での接遇は破格のもので、それぞれ大統領や国王・皇帝への謁見も許され、友好的な挨拶が交わされている。もちろん、当時の米欧列強の一義的関心は中国大陸に向けられていたが、隣国日本への関心もまた強かったと言えるのではないか。上述の通り一連の使節団は、一部の国あるいは一部の人々を除き、各訪問先において地元の人々から（好奇心交じりの）熱い歓迎を受けており、市民レベルにおける友好的な心情も十分に感じ取ったように思われる。

なお、明治も後期に入った1902年、岩倉使節団の一員であった福地源一郎（東京日日新聞、後の毎日新聞の主筆、社長）は、往時を振り返りつつ、使節団派遣の意義に触れ次のように語っている。

日本というものはこんなものである。日本人というものはかくの如きものであるということを、アメリカ、ヨーロッパへ紹介したのが、この使節の一行である。なるほど日本人というものはおかしな風のものである。支那人とも違う、一種変な風の人間だわい、利巧でもなかろうが馬鹿でもない。うっかり侮ることはできぬと、そういう感じを欧米人に与えたのがこの一行である。

これは福地が、死去する4年前に東京麹町で開かれた「岩倉使節団同行紀年会」の席上で行った講演の一節であるが、その諧謔《かいぎゃく》口調の中に、明治人の熱い思いが伝わってきそうである。

最後に、明治期に急速な近代化を図る日本の姿について論評した英国のタイムズ紙の記事2件を紹介して、本稿の締めくくりとしたい。

日本の発展は、近年のみならず人類の歴史のなかでも最もめざましいものの1つである。……日本人は自国の高度な文明をもつことに非常に熱心である。（1873年8月28日付）

日本人が西洋の習慣や科学を摂取・同化していくスピードは、当代のもっとも大きな脅威の1つである。そして、いま極東（日本）で起こりつつある変化は、たんなる外国の模倣ではなく、国内における変化によるものである。（1876年5月30日付）

2．民主主義の下における政治と外交

政治指導者と国内世論

新聞やTVなどのメディアが毎月のように政党や政権に対する国民の支持状況について世論調査を実施しているが、これにどれほどの意味があるのかよく分からない。政権への支持率が高いと状況次第で解散総選挙の可能性が高まり、逆に極端に低いと内閣総辞職になる（指導者がその地位から引きずり降ろされる）ということなのか。民間企業では自社株の日々の値動きを見て経営方針を考える経営陣はいないと思うが、政治指導者も世論調査の結果に一喜一憂するようでは、国家の将来を見据え長期ヴィジョンに立った国政運営を行うことはできないであろう。

２０１８年５月14日、フランスのマクロン大統領は就任１周年を迎えた。フランスの歴代大統領の中で最も若い39歳で就任したから、この時40歳である。彼の経済・社会改革に向けたエネルギーはすさまじい。過去の社会党政権時代に積み上げた労働者保護法制や富裕層を狙い撃ちした一般社会税（ＣＳＧ）、富裕税（ＩＳＦ）を抜本的に改め、法人税も大幅に引き下げて「経済の再生」を優先する諸政策を強力に推し進めている。

この結果、マクロン大統領には「強権政治家」とか「富裕層の代弁者」といったレッテルがメディアから貼られ、世論の支持も急落しているが、大統領自身にはこれらを意に介する様子はない。私は、過去40年以上の間フランス政治の動向に関心を向けてきたが、世論の支持・不支持に左右されることなくこれほどの大改革を断行し続ける大統領を初めて見た。これがさらに２０２２年の任期いっぱいまで継続すれば「経済の再生」にとどまらず、「欧州政治におけるフランスの復権」まであり得るかもしれない。

マクロン大統領の政治はポピュリズムから最も遠いところにある。ポピュリズムの波が世界中に押し寄せている中でこれは稀有なことである。彼には国を指導する政治家としての明確な国家ヴィジョンがあり、それに向かって邁進している。与党議員の中には２０１９年５月の欧州議会選挙や20年の地方議会選挙への悪影響を懸念する声が出始めているが、大統領自身はこれらの選挙に目をくれることなく、２０２２年の大統領選挙で自らの政治とその成果について国民の信を問う決意なのであろう。

マクロン大統領について心配されるのは、身近に有力な腹心がおらず、睡眠時間を毎日3〜4時間まで削り、すべてを自分で考え、指示を連発する政治スタイルであろう。自身が党首を務める「共和国前進」は大統領選挙の前ににわかに立ち上げた新興政党であり、党内に有力な政治家はおらず、そもそも政治経験すらない議員が大半である。こうした中で、2022年にマクロン大統領の再選があるとすれば、それは5年間の任期中に国民が納得する結果を出すしかない。未だ選挙大敗のショックから立ち直れていない既成政党（共和党、社会党、国民戦線）もさすがに次回選挙までには態勢を立て直して挑んで来ようから、文句のつけようのない成果を国民に示すことが不可欠だと思われる。

翻って、我が日本の状況を見ると、安倍政権の国政運営にマクロン大統領に似たものを感じる。外交に卓越した能力を発揮している点も同じである。安倍総理は、経済・財政政策にしろ安保法制にしろ、世論調査の数字に一喜一憂することなく、自らの政治信念に基づき、国の将来にとって良かれと思うことを確固として推進している。憲法改正などはその最大のものだろう。しかも、議員内閣制の我が国では参議院選挙も加味するとほぼ2年ごとに国政選挙があるために、安倍政権のかじ取りは、5年間の任期を保証されたマクロン大統領よりはるかに難しい。特に最近までのモリカケ騒ぎのような周辺的な問題で世論が大きく動くような国内状況にあってはなおさらである。先般、米誌『タイム』が安倍総理を世界で最も影響力のある指導者（2018年）の1人に選んだのも納得がいく。

政治家は結果がすべてであり、それについて選挙で国民の審判を受けるのが基本である。メディアが実施する世論調査なるものについては、1年に1回くらい、ちらっと見るだけでよいのではないか。

ポピュリズムによる民主主義の劣化

民主主義の基本は「自由選挙」である。民意によって選ばれた政府は、付託に応えるべく公約した政策の実現に全力を注ぐ。国民（有権者）は次の選挙でその実績を評価し、審判を下す。公約を果たせなかった政府は下野し、新たに国民の信を得た政府が登場する。政党政治を基礎とする近代民主主義はこうした政治サイクルを前提に成り立っている。

しかし、最近の世界的な政治風潮を観察していると、ある種の「制度疲労」というか、民主主義制度そのものの欠陥が顕在化してきているように思われてならない。政治家は職業化し、当選することが最優先になる。違法でなければ手段を問わない。政党の選挙公約は受け狙いとなり、実現性は顧慮されない。「選挙民は公約などいずれ忘れる」とタカをくくっている。メディアは中立公正な立場から有権者に必要かつ十分な情報を提供するという役割を果たせず、自ら偏向する。選挙の成り行きは、正体不明の「風」に左右され、そこにポピュリズム（大衆迎合主義）が入り込む余地が生まれる。

「風」は選挙民の心の中に政治への不満・不信、鬱屈した気分が蓄積した時に（国民受けする扇動者が登場すると）吹く。ポピュリズムは選挙詐術として政党が吹かせる。いずれも、有権者から冷静な判断力を奪い、政治をゆがめる点で同じ性質を持つ。これが繰り返されれば、民主主義は劣化し、やがて危機を迎える。

「民主主義は最良の政治制度ではないかもしれないが、他のいかなる制度よりもましである」と言った偉人がいる。今、民主主義を守るのは政治家ではなく有権者である。政治家は選挙に勝つためには何でもする。政党の公約も選挙に勝つことを唯一の目的として作られる。選挙とはそういうものであり、そのことを責めても始まらない。私たちはそうした時代に生きており、有権者が賢くなるしか民主主義を守る方法はない。とにかく、選挙の時に吹く「風」とポピュリズムはウィルス（細菌）のようなもので、これに罹ると民主主義の体力は落ち、時には死に至る病となる。有権者の賢明な判断のみが民主主義を守る唯一の対処法である。

ドイツに見る政治の厳しさ

「連立与党の歴史的敗北。議席数では両党合わせて何とか過半数を維持したものの、第一党は65議席を失い、単独過半数に届かない。両党の合計得票率は前回選挙から14％近く激減。首相は留任する見通しだが、その指導力には大きく陰りが見え始めた。」

これは日本の話ではない。２０１７年9月にドイツで行われた連邦議会選挙の結果である。メルケル首相率いるキリスト教民主・社会同盟（ＣＤＵ／ＣＳＵ）は予想を超えた議席減に意気消沈、連立を組んでいたドイツ社会民主党（ＳＰＤ）は結党以来最悪の選挙結果を受けて早々に連立離脱を表明した。その後、メルケル首相が難交渉を経て同党との連立政権（第４次メルケル内閣）を樹立したのは半年以上も後のことになる。

他方、この時の選挙で勝利したのは新興の極右政党である「ドイツのための選択肢（ＡｆＤ）」で、94議席を獲得してゼロからいちやく議会第三党に躍進している。メルケル首相の寛容な難民政策（２０１５～１６年だけでシリア難民など１００万人超を受け入れている）に不満を持つ有権者が連立政権に厳しい審判を下した格好で、難民規制を主張する極右政党が支持を集めた。〔ドイツの選挙制度においては、得票率が全体の５％に満たない場合は議席が配分されない（つまりゼロである）ため、弱小政党に不利と言われているが、逆に、今回のように新たに5％を超える政党が二つ（ＦＤＰとＡｆＤ）も現れ、両党合計で全６９０議席の４分の１に当たる１７１議席を奪う事態になると一挙に政界に激震が走ることになる。」

この選挙結果は日本にとって教訓に満ちている。２００５年から12年間、ドイツの政界をリードし、ヨーロッパで「ドイツ一強時代」を築いてきたメルケル首相の権威がこの時の選挙結果を受けて一挙に揺らぎ、「指導力に陰りが見え始めた」と評される事態は深刻である。今、ヨーロッパでは英国のＥＵ離脱問題をめぐって混乱が続いており、フランスのマクロン大統領はＥＵ統合推進に積極的ではあるものの、先述のように、国内の大胆な経済社会改革によって人気の急速な低迷を招いており、どこまで指導力を発揮し続けられるかは未知数である。メルケル首相の存在感こそが地域安定の要であったヨーロッパにとって、同首相の権威が落ち、ドイツ政治の先行きが不安定化していることの影響は甚大である。２０１9年1月にメルケル首相がＣＤＵの党首を辞任すれば、影響はさらに大きい。

このようにドイツ一国のみならずヨーロッパ情勢にまで影響を及ぼしているドイツ連邦議会選挙の結果であるが、冷静に分析してみると「ドイツのための選択肢（ＡｆＤ）」を支持した有権者は得票数ベースで全体の12・６％に過ぎず、しかも選挙後の世論調査によれば、この極右政党を積極的に支持していたのは同党への投票者の３分の１程度にとどまり、残りの3分の2は「何となく既成政党に不満」というのが投票理由だったという。こうした「何となく不満」派とも言うべき有権者（浮動層）の投票行動の変化が、一国の内政にとどまらず世界情勢にまで影響を及ぼす事例は先の米国大統領選挙で見たばかりである。

もちろん、ドイツと日本の政治状況は大きく異なる。この時のドイツ連邦議会選挙では「難民受入れ問題」がほぼ単一の争点となったが、こうした状況は日本にはない。選挙制度も異なり、日本では弱小政党でも一つ、二つの議席を獲得することができる。しかし、絶対安泰と見られていた政権が一つの選挙を経て突然に不安定化する事態はよそ事ではない。自民党政権としてもドイツの例を教訓に、仮に、国民の生活と国の安全を守るという基本政策に多数の国民の理解が得られたとしても、一つの事案、一つのスキャンダルをきっかけに状況が一変してその政治姿勢に有権者の疑念が生じる事態になれば、厳しい審判が待っていることを覚悟しなければならない。民主主義とはやっかいなものなのである。

外交は内政の反映

このように、メルケル政権は２０１７年9月のドイツ連邦議会選挙で単独過半数を失い、直前まで飛ぶ鳥を落とす勢いだった権威は失墜し、それと同時に「ヨーロッパ一強時代」と呼ばれたドイツの圧倒的存在感もすっかり影をひそめてしまっている。「外交は内政の反映」と言われるが、EUをリードしてきたドイツ外交の凋落《ちょうらく》は今やこの言葉通りの姿になっている。

これに反比例するように、マクロン大統領指導下のフランスが多少とも息を吹き返しつつあるのは幸いである。労働組合の強い反発にもかかわらず、フランスのがんと言われてきた労働者保護制度を抜本的に改革しつつあり、外交面では新たなEU統合推進案を打ち出すなど注目すべき動きを見せている。2017年の大統領選挙と国民議会選挙で相次いで勝利し、EU懐疑派の極右・国民戦線をすっかり脇に追い込んでしまっている。先述したように過激な内外政策のゆえに世論の支持は落ちているが、2019年の欧州議会選挙を別とすれば、しばらくは大統領選挙も国民議会選挙もないので世論に迎合しなければならない理由はなく、2022年の選挙には「成果で勝負」と腹をくくっているように見える。マクロン大統領はフランスの未来にわずかながら光明をもたらしている。

それでは英国はどうかというと、EU離脱交渉がいっこうに進展せず、2019年春に迫っている離脱期限までにEU側と意味のある合意（ソフトランディング）に達するのは絶望的になりつつある。抜き打ち解散を行った2017年6月の総選挙で事実上の敗北を喫したメイ政権（保守党）は閣内の混乱も与って局面打開に向けた決定打が見つからない状況にある。このまま事態が推移すれば「合意なき離脱」という最悪の事態も予想され、経済的なダメージを懸念する声は少なくない。2018年11月に発表された英・EU暫定合意案も、英・EU各国の議案承認を取り付けるのは難しいだろう。英国は安全保障面でこそNATOを通じた欧州連携の一員であり続けるが、それ以外では英国とEUは「赤の他人」になりかねない。我が国のようにEUの窓口たる英国に対して欧州最大の投資を行っている域外国は、梯子をはずされた格好になる。

欧州政治におけるイタリアの存在感は限りなく希薄になっている。2018年3月初めに行われた総選挙では過半数を制する政党はなく、5月にポピュリスト政党「五つ星運動」と極右の「同盟」(旧・北部同盟)という支持基盤が全く異なる水と油の連立政権が発足している。唯一の共通点が「反EU」というのでは欧州政治を主導するどころか、その足を引っ張るだけの存在になりかねない。イタリアでは、かつての日本のように、1年ほどで政権がコロコロと変わる状況が続いてきた。今の日本で、レンツィ首相やジェンティローニ首相の名前を思い出せる人は少ないだろうし、現在のイタリア首相の名前(2018年6月に就任したジュゼッペ・コンテ首相)を言える人は相当のヨーロッパ通に違いない。イタリアでは、2013年の選挙以降、所属政党をひょいひょいと変える無節操な議員(上下両院議員945名の3分の1以上)が後を絶たず、深刻な政治不信を招いてきた。経済が低空飛行を続けていることも相まって、イタリアが国際政治の舞台で一役演じられそうな政治状況にはない。すでに２０１９年予算の編成をめぐって、ＥＵとトラブルを起こしている。

こうして見ると欧州政治における主要国の外交は、それぞれの国の内政を直接反映するものになっていることが分かる。米国でも、トランプ政権の「米国第一主義」が幅をきかせ民主的な理念や価値観を示せない状況にあっては、国際政治におけるリーダーシップは期待薄と言わざるを得ない。今や、「世界のリーダー」は中国の習近平国家主席ではないかと評する（皮肉な）声もある。それほど欧米主要国の指導者は内政問題に汲々としていて、グローバルなヴィジョンを示し、これを主導する力を失っている。

私は、欧米諸国が内政で混乱している今こそ、日本の出番なのではないかと思う。２０１７年10月の衆議院議員選挙で自民党が勝利した結果、日本の内政は相対的に安定し、安倍政権は通算で８年目を迎えようとしている。安倍総理は今やＧ７首脳の中ではメルケル首相に次ぐ古株である。勢い、ＴＰＰ11の経済連携協定にしろ地球環境問題にかかわるＣＯＰ合意の実施にしろ、国際社会は安倍総理のリーダーシップに期待している。日本が自らの理念と価値観を示し、世界の平和と安定・発展に貢献できる時代がそこまで来ているように思える。

長期安定政権のもたらす「国益」

安倍政権の長期化については賛否の意見があろうが、外交の面から見れば明らかに日本の国益にかなっている。最近の国際的な風潮を観察していると、身を取り巻くもろもろの不平・不満を時の政権のせいにして反対・批判票を投ずるものの、その後に生まれた政権の下では状況がさらに悪化し期待を裏切られるというケースが多々見られる。

私は40年以上にわたって外交の世界に身を置き、数年前に退官した者であるが、キャリアの最後の時期に安倍外交の一翼を担えたことを今でも幸せに思っている。外交力とは軍事・経済・文化の総合力だと言われ、数十年単位の長いタイムスパンで見ればその通りであるが、外交の現場に身を置いてつくづくと実感するのは、政治指導者の対外的存在感であり国際的な指導力の重要性である。

1年か2年で政権が交代してしまう国は、外交の面ではほとんど相手にされない。どのように優れた対外構想を提示しても、短期間で退任することになる指導者のアイデアに諸外国が関心を向けることはない。海外にいて日本政府の見解・立場を発信しても、その言葉は実に軽い。外交官としてこれほど歯がゆいことはなく、国威を発揚できないことを残念に思うばかりであった。

諸外国の政治指導者の在任期間は総じて長い。もちろん、長ければ良いというものではなく、特に民主的な手続きを経ない指導者が長期間にわたってその地位に居座ることは有害ですらある。しかし、かつての英国のサッチャー首相や現ドイツのメルケル首相の例を引くまでもなく、民主国家において長期政権を維持する指導者がいる場合は、その国の外交的な存在感は絶大であり、「国益」を擁護する力も圧倒的に強い。この点では、歴代首相の在任期間が平均で2年数カ月という我が国の場合は、国益を守り抜くことは容易ではなく、現場で働く外交官が悲哀を感じることもなくはなかった。

現在の安倍政権は、日本的基準で言えば紛れもなく長期政権である。2018年9月の自民党総裁選で3選されたから、最長なら2021年まで連続で9年近く総理職にとどまることになる。日本憲政史上で最長の在任期間である。しかし、国際的な基準で見ればごく普通の長さであり、国際社会の目から見れば「首相の名前と顔が一致する段階」をやっと過ぎたという状況とも言え、これからが本当にご活躍いただきたい時期となる。

ひと昔前、先進国首脳会議（サミット）主催国の広報資料で日本の首相の顔写真を取り違えられたり、記念写真の撮影にあたって無理やり中央付近に割り込んだことがニュースになったことがある。今やそのような「屈辱」を味わわされることなく、会議の席で総理に堂々とご発言いただくことが可能な状況になっている。世界の常識に日本の常識がやっと近付いてきていることも実感する。事実、安倍総理に対する諸外国首脳の信頼感は厚く、その言葉は重く受け止められている。これが日本の国益に大きく寄与していることは言うまでもない。

メディアの世論調査で、政権を支持しない人がその理由を問われて、「首相の人柄が信頼できないから」という答えが多いことに驚く。基本政策に賛成できないという理由であればその政権を支持しないことは当然であり、説明として明快である。しかし、「人柄」の評価はどこから来るのであろうか。政治指導者の権謀術数を「人柄」と混同して問題視する人がいるが、それはむしろ政治家に必須な資質であり、「人柄」の問題ではない。政治家に「聖人君子」を求めるのはお門違いであろう。

私は30年以上前に安倍総理が政治家になる前、父親である安倍晋太郎外務大臣の秘書官をしていた当時から面識を得ているが、偉ぶらず誰に対しても公平かつフランクに接するその人柄には常に感服してきた。いかなる状況下にあってもブレることのない政治信条もしっかりと持っておられる。私は仕事柄、与野党を問わず多くの政治家を知る機会を得たが、その中でも安倍総理は群を抜いてすばらしい人柄の方であった。

政治家の中には、「遠目には美しいが、近くに寄るとゴミだらけの山」の如く、世間一般には人気があるものの、身近で活動をともにする人々の間では著しく評判の悪い方がおられるが、安倍総理の場合はこれに当てはまらない。事実、総理を近くで補佐している方々を見ると、人間関係に懸隔を感じ途中で離れ去る人はなく、長期にわたってずっと支え続けておられる。総理のお人柄に魅されるがゆえではないか。

折々に発表される世論調査が示す内閣支持率に短期間で大きな変化が出るのは、総理の「人となり」を身近に知る機会のない方々（国民の大多数）が、モリカケ問題などをめぐる一部メディアの偏った報道姿勢に左右されやすい「人柄という極めて曖昧かつ印象的な評価事項」で、支持・不支持の意見を表明するからではなかろうか。だとすれば何とも日本人的なことではある。（不勉強のせいか、私は、諸外国の世論調査で「人柄」にかかわる評価項目を見た記憶がない。）

以上、一時期とは言え外交の世界で安倍総理と身近に仕事をさせていただく機会を得た者として、個人的な感懐をお話しした。甚だ私的な意見であり、同意されない方もいよう。ただ、かつてのように短期政権が続くような状況は日本の国際的な立場を確実に弱体化させる、ということは申し上げたい。

【出典】
画像は著者所有（p119,p148,p203）を除き、すべてWikipedia掲載のものを素材とし二次利用しています。

p115. Asia Pacific Young Business Conference & Trade 2010. JPG
（by Yanbei）CC-BY-SA-3.0
p130. By helennawindylee - originally posted to Flickr as 油條 ,C
https://www.flickr.com/photos/11424124@N05/2363608004
CC-BY-SA-2.0
p133. http://www.korea.net/ Korean Culture and Information Service
（by Cheong Wa Dae）CC-BY-SA-2.0
p135. https://www.flickr.com/photos/jzakariya/2077428311/
（by Jawad Zakariya）CC-BY-SA-3.0
p189. http://www.kremlin.ru (kremlin.ru) CC-BY-3.0
p213. http://www.president.gov.tw/Default.aspx?tabid=71
中華民國總統府（總統玉照由國史館提供）
p218. http://www.president.gov.tw/Default.aspx?tabid=1580
Office of the President, Republic of China（Taiwan）
p232. http://www.pmindia.gov.in/wp-content/uploads/2014/06/High1.jpg
Government of India-India（(GODL）
p237. 右 By Claude TRUONG-NGOC　CC-BY-SA-3.0
p237. 左 https://www.flickr.com/photos/thaigov/4054011936/in/set-72157622560969481/（by thaigov）CC-BY-2.0

あとがき

国際情勢を理解するのは難しい。特に変転著しいアジアについては、日々のニュースを追いかけるだけで精一杯になることがある。筆者は外交官として41年以上の歳月を過ごしてきたが、それでも世界の各地域・国についての知識や理解は今なお不十分と思うことが多い。いわんや、そこで日々生起する事件・事象が日本の未来、あるいは日本人の生活にどのような影響を及ぼすのかを分析し、見通すことはさらに難しい。しかし、私たちがますますグローバル化する世界の中で生きていかざるを得ない以上、こうした事件・事象に対する理解を深め、対外関係への展望を切り拓く努力を怠ることはできない。アジア情勢については、私たちの日々の生活にも影響するところが大きいだけに、国際理解努力は不可欠である。

また、世界のグローバル化は、私たちの日常生活空間において外国人の存在がより身近になるという現象をもたらしている。中国人や韓国・朝鮮人はもとより、今ではベトナム人、フィリピン人、ブラジル人も「隣人」になりつつある。近所のコンビニのレジ係や飲食店で応対してくれる店員が中国人やベトナム人、あるいはネパール人というケースも決して珍しくない。技能実習生や留学生の受け入れにかかわっている方々は、アジア各国からの来日者と接触する機会がさらに多いのではないか。そして、近い将来には、介護や家事代行という形でアジアからの若者が私たちの家庭生活の中に入ってくる時代を迎える。彼らといかにスムーズに共生していくかはこれからの日本が抱える大きな課題だが、ここでも狭小な偏見を抱くことなく、彼らの出身国の事情や出来事について正しい理解を持つことが求められよう。

本書のタイトルは『今すぐ国際派になるための　ベトナム・アジア新論』となっているが、実は、あえて「国際派」を目指さなくとも、日常生活においてアジア各国からの来日者と上手に共生していく上で必要な最低限の知識を提供する意味合いがあったかもしれない。アジア理解において個々の国を超えた地域的な相互関係性や歴史的な時間軸の中で物事を捉える重要性を認識し、本書でもそうした観点から最近のアジア事情を考察・分析したつもりだが、読み終えられた方々には筆者が言わんとすることの意味がご理解いただけたものと思う。

「まえがき」で述べたように、本書はブログや雑誌論文として過去1年半の間に発表した著述の中からアジアに関係するもの53編を拾い集め、加筆修正を加えた上で「ベトナム・アジア新論」として新たに上梓したものである。これらのブログや雑誌論文の大半について発表の場となったのは日本戦略研究フォーラム（ＪＦＳＳ）のホームページや季報であるので、今回、それらを集成し単行本として出版するにあたっては、そのご了解を得た。特に、同フォーラムの長野禮子理事（兼事務局長）には常に執筆継続への励ましをいただいた。ここに厚く御礼申し上げる。

また、末筆ながら、本書の刊行をお引き受けいただいた振学出版の荒木幹光氏、そして編集にご尽力いただいた同社の松浦優美子氏に大変お世話になった。荒木氏は一般社団法人全国日本語学校連合会やアジア文化研究學會の理事長を務める傍ら、アジア文化フォーラムも主宰しておられ、同会長の造詣、蘊蓄から多くを学ばせていただいた。ここに心からの感謝の意を表したい。

２０１８年10月31日

坂場　三男

今すぐ国際派になるための

ベトナム・アジア新論

平成31年（2019年）1月14日　第一刷発行
令和元年（2019年）5月1日　第二刷発行

著　者　坂場 三男

発行者　荒木 幹光

発行所　株式会社振学出版
東京都千代田区内神田1-18-11東京ロイヤルプラザ1010
TEL03-3292-0211
http//www.shingaku-s.jp/

発売元　株式会社星雲社
東京都文京区水道1-3-30
TEL03-3868-3275

カバーデザイン　株式会社オセロ

印刷製本　サンケイ総合印刷株式会社

ISBN 978-4-434-25517-5

【著者略歴】

坂場　三男（さかば　みつお）

元ベトナム駐箚《ちゅうさつ》特命全権大使。1949年、茨城県ひたちなか市生まれ。1973年、横浜市立大学文理学部文科を卒業後、外務省に入省。フランスで語学研修した後、インド、フランス、エジプト、米国（シカゴ）などで勤務。外務本省では大臣官房総括審議官、中南米局長、外務報道官などを歴任し、2008年から2010年まで駐ベトナム大使を務める。2014年、駐ベルギー大使・ＮＡＴＯ日本政府代表の任を最後に外務省を退官。2015～17年に横浜市立大学特別契約教授。現在はＭＳ国際コンサルティング事務所の代表職とともに複数の一部上場企業において社外取締役、顧問、2017年から法務省・公安審査委員会委員を務める。

著書に『大使が見た世界一親日な国・ベトナムの素顔』（宝島社、2015年5月）『新・遣欧使節回覧実記～日本大使のベルギー奔走記～』（幻冬舎、2018年7月）など。

振学出版の本

宇田川 敬介

■暁の風 水戸藩天狗党始末記

攘夷か開国か、尊王か佐幕かに揺れる幕末。日ノ本に「正気」を取り戻すため、藤田小四郎を中心とした若き志士たちが動き出す！ 功臣武田耕雲斎の諌めを受けるもさまざまな思惑が交錯し……。彼らは何を想い、何に突き動かされたのか。尊王攘夷の魁となり、多くの有能な人材を擁した水戸藩と彼らの命運を描く歴史小説。

●本体1200円＋税

■庄内藩幕末秘話（改訂版）

戊辰戦争において官軍と最後まで戦った山形・庄内藩。まだ十代の藩主酒井忠篤のもと、致道館の教え「人の道」を貫いた庄内藩の人々。会津藩が悲劇的な降伏を迎えながらも、なぜ果敢に戦い続けたのか。そして彼らはなぜ強かったのか。その理由に著者が迫る感動作！

●本体1300円＋税

■庄内藩幕末秘話 第二 西郷隆盛と菅秀三郎

戊辰戦争後、新政府軍に降伏した庄内。しかし、西郷隆盛は庄内藩のその気風を見て寛大な処置を施す。日本の行く末を案じた西郷の教えを胸に、『南洲翁遺訓』の編纂に向けて奮闘した元藩士らを生き生きと描く。

●本体1200円＋税

■我、台湾島民に捧ぐ 日台関係秘話

心を攻めよ！ 日本の台湾統治時代、台湾の発展に貢献し、親日の礎を築いた初代総督・樺山資紀〜七代総督・明石元二郎と人々の物語。

●本体1200円＋税

■日本文化の歳時記

日本の文化や風習の成り立ちを、時には日本神話にまでさかのぼりひも解いた一冊。知っているようで知らなかった、古くて新しい日本との出会い。

●本体1200円＋税

森 美根子

■語られなかった日本人画家たちの真実 日本統治時代台湾

石川欽一郎・塩月桃甫・郷原古統・木下静涯・立石鐵臣……。台湾に渡った日本人画家たちが、台湾の美術文化と美術教育の発展に与えた影響とは？ 一次資料をもとに解き明かす、50年の軌跡！ 図版88点収載。

●本体2000円＋税

四條 隆彦

■歴史の中の日本料理

日本料理の伝統と文化を知ることは、日本の歴史と日本人を知ること。平安時代より代々宮中の庖丁道・料理道を司る四條家の第四十一代当主が、日本料理の文化と伝統を語る。

●本体1000円＋税

振学出版の本

鎌田 理次郎

■風雪書き

日本人ならば誰もが持っていたはずの高い精神性と、他や義を大切にする文化性。戦後の日本人が失ったものを、今一度見直してみませんか。

●本体1000円+税

坂本 保富

■人間存在と教育

人間にとって、教育とは如何なる意味や役割を有する営みであるのか。人間存在の本質から教育を捉えたとき、教育とは如何に在るべきか。人間と教育との関係を巡る問題を問い続けてきた著者自身の、経験的思索を踏まえた独創的な思想世界。

●本体2000円+税

■日本人の生き方 「教育勅語」と日本の道徳思想

日本人は、これまでいかに生きてきたのか。そして今をいかに生きるべきなのか。教育勅語を基軸とする道徳思想の視座から吟味し、これからをどのように生きるか問う問題提起の書。

●本体1429円+税

■生き方と死に方 ―人間存在への歴史的省察―

いかに生き、いかに死ぬるか。人間存在の諸相を探求して半世紀。著者の学問的叡智を結晶化させた感動の随想録。

●本体1200円+税

藤原 岩市

■留魂録

アジア解放のために尽力した大日本帝国陸軍特命機関F機関長・藤原岩市少佐の最後の回顧録。

●本体5000円+税

東 潔

■レコンキスタ スペイン歴史紀行

レコンキスタ(国土回復運動)――。それは中世イベリア半島を舞台に八〇〇年にわたって繰り広げられた、カトリックとイスラムによる「文明の挑戦と応戦」だった。

●本体1748円+税

泉岡 春美

■孫に伝えたい私の履歴書 川上村から仙台へ ～おじいちゃんのたどった足跡～

日本語学校仙台ランゲージスクールを経営する「おじいちゃん」が語るほんとうの話。泉岡春美自叙伝。

●本体1500円+税

一般社団法人 アジア文化研究学会

■アジア文化研究

現在海外の大学や研究機関等で活躍する元日本留学生による、日本の文化や民俗学、日本語教育についての論文を収載した学会誌。アジア文化研究学会編集。

●頒価 創刊号1000円、第二号1500円

株式会社 振学出版
〒101―0047 東京都千代田区内神田1―18―11
東京ロイヤルプラザ1010
TEL/03―3292―0211
URL:http://shingaku-s.jp E-mail:info@shingaku-s.jp